我要的歡愉 你該懂！

欣西亞兩性大膽說♣

最犀利的關係難題一次解答

推薦序

請容我稱妳一聲「兩性專家中的周，腥，遲」

作家．H

節目或網路上的欣西亞總是活力四射，語不驚人死不休。她always可以將兩性之間的嚴肅話題，在瞬間利用她的語言，轉化成類黃色笑話，在尺度邊緣遊走，文字驚人卻又不見下流。能夠有這樣的論述功力，除了她自己有著跟外國老公多年來的感情交流之外，我知道私底下的她，是用功且努力的。

坦白講，台灣並沒有真正所謂「兩性專家」的學位，充其量就是一群人生閱歷或許相對豐富，講起話來論點清晰的文字人，又或者是出自學術正統的本格派心理學者。而欣西亞存在的可貴之處，就在她還致力於精進自己，拿到「性諮詢治療師」的執照，讓她的人生經驗配合上專業性知識，再加上天生帶有喜感又直率的講話風格，每每讓我在閱聽時，彷彿在她身上看見經典時期港產片喜劇的影子，但同時又解答了不管是在事件中身為男生或女性不同立場的疑惑。

身為好朋友的她，在她經歷家中毛小孩離世的那段期間，也同時可以感受到，欣西亞內心的細膩與敏感。在她低潮的時候，我也可以透過和她的對話，體會到她跟外籍老公之間，那種無論高潮低谷的分享與溝通。對我來說，這些種種特質，正是一名兩性專家或者說是提供給讀者們絕佳意見的人選身上，所應該綜合俱備的。

更特別的是，她還有著台灣式的幽默。

所以說，如果要我推薦欣西亞的新書，用某段文字來描述的話，我想我會說，就像當年看到周星馳主演的《喜劇之王》那般，在狂笑之餘，卻理解了人生，體會到愛情。而欣西亞的文字，則是讓妳在感到荒謬爆笑之際，卻理解了兩性，體會到愛情的難題，以及如何解題。所以我說，請容我稱妳一聲「兩性專家中的周，腥，遲」，繼續帶給我們兩性間的喜怒哀樂吧！

推薦序

性比愛重要的時代來了

作家．許常德

有性一定有愛，儘管這個愛可能是很短暫的，但絕對很熱烈。有愛沒有性，這個愛也不一定是長久的，但很可能讓你感到有點落寞。

這兩項不是讓你拿來比較用的，是不管有哪一些，都需要你珍惜，珍惜才能把愛與性燃燒起來。而珍惜的方法就是欣西亞這本書提倡的重點，沒有積極了解，都不算珍惜。

很多作家、專家在寫性寫愛，但要像欣西亞寫的那麼讓男人被安慰和讓女人那麼了解男人要什麼感覺，真的要有一顆夠溫暖的心才行，那些冷冰冰的專業說明只會讓男人女人卻步，因為這一切都跟「心」有關，不是表面的愛與性，沒有關心，一切是空談。

認識欣西亞都是在上節目的時候，她在後台和節目上是一個樣，禮貌又真誠，直接卻細膩，而且是很認真的人，這可以從她的用語用字看出，聽她的論述總會輕鬆地跟著詼諧起來，一切是那麼自然，一切是那麼深入淺出。

台灣老男孩、老女孩都該看看這本書，因為在這個區塊，他們的認知可能比年輕男孩女孩還要貧乏。不要因為老了就不用了解愛與性，這是有經歷的人更要知道，否則對愛與性的想法過時的人，這些經歷本來在欣西亞的解讀下是美好的、實驗性的、遺憾又怎樣的，但他們很可能覺得都是糾結的惡夢，這樣不是很可惜很冤枉嗎？

交給欣西亞吧，性與愛不該那麼沉重！

推薦序

閱讀是有系統、有邏輯的的好命哲學

眼科醫師．黃宥嘉

在疫情威脅的二〇二〇年，解藥疫苗尚遙遙無期，人心惶惶終日的窘境中，還好我們等到了欣西亞的新書作為愛情、性學，以及女人四十的解藥，稍感寬慰！

讀者閱讀後必能體會到這是一本如寒冬中的暖流，夏天裡的冰淇淋般存在的一本書。這次，欣西亞以她一貫的幽默筆觸，科學性地統整，為男性女性的種種愛情與人生疑問提出建議。特別是破除性愛謠言篇，十分可愛。讓懵懂無知的年輕男女與深諳性事，卻疑神疑鬼的熟男熟女們都可以經由正確，健康的解說，重新建立彼此的親密關係。

這本書是欣西亞專業知識與長期兩性觀察分析結果的結晶，更是一本老少咸宜的生活實戰教學。我一邊大笑著，一邊點頭稱是地愉快閱畢。唯一我不贊同的是，裡面有一篇「女人要好命，請做這五件事」。這五件事能讓女人好命是毋庸置疑的，那黃醫師還在盧什麼呢？個人認為，不同時代的女人有其各有特色的好命哲學。但，唯有建立閱讀習慣，才能讓我們有系統，有邏輯，有效率地成為好命的女人，而欣西亞的這本新書，正是讓已然荒廢閱讀的朋友們重拾自信與快樂的好命捷徑！

自序

人生和床上，射出最燦爛的火樹銀花

自從出了兩本愛情議題的書，欣西亞從一個坐在電腦螢幕後打字的作者，躍升成為在節目鏡頭前露臉的兩性專家。由於每天都會收到大量的讀者提問，我便開始公開在FB、直播間和 YouTube 頻道回覆問題。這些提問中，除了感情婚姻的關係經營，兩性「性」福也占了很大部分，發問的苦主男女都有，類型不光只有做愛發生的尷尬情況，其中還包括性迷思與性健康的疑慮。為了能傳達更專業正確的性知識，我要求自我提升，考取性諮詢治療師的合格證書後，也開啟線上諮詢服務，讓想要一對一的讀者付費諮詢。

隨著自媒體如 YouTube、直播和 podcast 的風行，愈來愈多人投入談「性」說愛的行列。英文說：Sex sells，性愛正夯，有性的議題就能吸睛，有點閱率就有money，所以好多人化身老司機帶著觀眾上車，大家好不熱鬧。比起過去，台灣人對性的態度確實越加開放，嘴炮也打得鹹溼。可是一旦要打炮，自駕開車，卻仍狀況連連：有些人雖上路，卻不會打檔位，搞得女伴總是卡到陰；有些人一路順暢，卻時常在上坡起步的中途熄火；也有些人只是暖車，排檔桿卻直接GG，只能敗興而歸。至於那些對開車不上手的男生，女生雖在內心翻白眼，卻也不敢多說碎嘴，因為自己根本不會開車，永遠巴望另一半帶妳上天下海，卻忘記我才是身體的主人，也是性福的主宰。

我們常依賴別人成為自己的GPS，為人生的高潮指引出一條明路，卻也在不知不覺中迷失方向。在這本書裡，我不是老濕姬要帶大家上車，而是化身老師教你開車，或帶領你開得更好。我也不為你下指導棋，而是給予一張幸福地圖，要你走出自己的人生；甚至，奪回失落已久的主導權。然後在人生和床上，都能射出最繽紛、燦爛，最擁有個人風格的火樹銀花！

目錄

推薦序
・請容我稱妳一聲「兩性專家中的周，腥，遲」／H ……… 2
・性比愛重要的時代來了／許常德 ……… 4
・閱讀是有系統、有邏輯的的好命哲學／黃宥嘉 ……… 6
自序
・人生和床上，射出最燦爛的火樹銀花 ……… 8

CHAPTER 01
都什麼時代了！破解性愛謠言
・牽手，其實比做愛性感 ……… 16
・男人約炮好棒棒，女人約炮就淫蕩？ ……… 20
・性經驗愈豐富，鮑魚就愈黑？ ……… 24
・一滴精，十滴血，打手槍會過量？ ……… 30
・高潮＝潮吹？男人別傻了！ ……… 34
・吞精可以養顏美容？ ……… 38
・吃蘑菇就變臭鮑，吃蘆筍就變衰洨？ ……… 43
・當女友的假陽具屌打你的老二，她自慰是因為吃不飽？ ……… 48
・白虎會剋夫？陰毛要修嗎？ ……… 53
・幫女人口愛是狗喝水？這誤會大了！ ……… 59
・做愛時包皮像鐵捲門上下滑動，割除後老二更持久？ ……… 64

CHAPTER 02

性健康和技巧

・千萬別跟AV男優學做愛 …… 68
・做愛時間多久才算及格？ …… 73
・做愛次數有公式，按表操課才性福？ …… 77
・性事卡卡，床上總是卡到陰 …… 81
・做愛不快閃，老二持久、不射的日常練習法 …… 85
・提槍上陣前，讓老二在視覺上迅速變大的方法 …… 90
・選對性愛體位，讓男人硬到不要不要的 …… 95
・女上男下，怎麼搖，膝蓋才不痠？ …… 99
・讓女人高潮①：與其衝洞，不如hold住她的小豆豆（陰蒂篇） …… 104
・讓女人高潮②：姿勢對了，性福就有了（體位篇） …… 109
・性愛增溫術 …… 114

CHAPTER 03

欣西亞怎麼辦？性疑慮及其解析

・當男人拒絕把妳撲倒 …… 122
・老公老二軟Q，是因為我不再性感嗎？ …… 126

．打炮時下體放鞭炮宛如廟會，其實是「陰吹」 131
．做愛射不出來？無法「自排」，只能「手排」 135
．女友做愛溼答答，鮑魚煮成蛤蜊湯 140
．老婆婚後性冷感，老公可以約炮嗎？ 144
．菊花台之歌 150
．當男人要求拍性愛影片 155
PLUS 家庭性教育：弟弟偷拿姊姊的襪子打手槍 160

CHAPTER
04
與時俱進的兩性相處觀，牽手比做愛性感

．通通在騙炮！男人常用的「約炮金句」 166
．哪些炮不能約？約了保證變炮灰 171
．「嗨！最近好嗎？」男友舊情人想復合的三種心態 176
．別成為「渣男發言人」女主角，請女孩們睜大眼睛 180
．「親愛的，你跟多少女人上床過？」 186
．哪些情況下，女人會跟男人主動提分手？ 192
．為何男女「溝通」常變成「吵架」？ 197

CHAPTER

05

· 男女間，究竟有沒有純友誼？……202
· 點評十大「完美男友」條件……207
· 十大辨識已婚男的方法，不讓妳莫名其妙變小三……213
· 老婆是用來疼的，老媽是用來訓練的……219
· 男人外遇是為了維持婚姻，女人外遇是為了終結婚姻……223
· 婚外情的小三和人夫之間，會有真愛嗎？……228
· 如何在男人出軌後，重建對他的信任？……233
· 老婆要跟我離婚，十個提高挽回婚姻的方法……237

關於四十，姐姐們的人生勵志

· 成熟女人不該說的三句話……246
· 女人要好命，請做這五件事……252
· 如何好好和摯愛道別？……257
· 如何面對黑粉跟酸民……262
PLUS Shane 看四十歲的人生：無論處在什麼歲數，都不要忘記為自己而活……268

01

都什麼時代了！破解性愛謠言

牽手，其實比做愛性感

請問欣西亞，我想要知道做愛時，要摸女人哪裡可以讓她高潮？

■

自從拿到性諮詢治療師的合格證書，並且開放線上諮詢付費服務，三不五時，欣西亞的FB粉絲團私訊就會重複出現上述問題，讓我和助理處理到手軟。不得不說，在床上的範疇裡，男人往往很在意自己上床時的尺寸跟功力，希望讓女人欲仙欲死，high到口吐白沫翻白眼，外加彷彿尿失禁的愛如潮吹，好證明自己真男人非浪得虛名。於是，一堆人向我請益，拚命想搞清楚G點A點U點的確切位置，目標是練就神人加藤鷹的金手指，希望所摸之處一觸即發！

人類全身上下最性感的器官，不是男女胯下的「屌」兒鋃鐺或閉月羞「花」，而是我們的大腦。男人看到這裡恐怕會感到不以為然，覺得若是精蟲上腦，龜頭也能控制大頭，但實際上，性愛的刺激和感受通通和大腦有關，否則就不會有老二突然消風的意外，那並非是健康出問題，而是大腦偷偷背叛了自己，忽然閃神恍惚，莫名在意起五四三的東西，導致愛愛時心有餘而力不足。

對女人來說，要讓我們大腿間感受萬馬奔騰，猶如黑潮暖流過境、噴發情慾，並非在做愛時性器相接的抽插才發生，反而是肢體碰觸、牽手才更加到位。因此，明明這個女人跟你做愛了、打炮了、上床了，她的叫床聲呈現AV女優高八度的抑揚頓挫、高低起伏，實際上很可能都在掩飾和偽裝，你以為是操翻她的天，撼動她的全世界，結果她真實感受是：督進去但沒FU，有頂到但沒touch到。Why？因為你，從沒主動牽起她的手。

別小看牽手帶給女人的感受，細微的動作卻能引起她內心的波濤洶湧。因為它代表了男人的保護慾和占有慾，也讓女人覺得被重視、被愛，以及有歸屬感。在眾多前來接受兩性諮詢的女生裡頭，我發覺她們最在意的往往不是男人的陪伴，而是有沒有在大街上、生活裡牽起她們的手，如果是曖昧，它預告將跨越友達，朝戀人發展的可能；如果是情侶，它代表我們屬於彼此的證明；如果是夫妻，它暗示恆溫的感情，而不是室友般相敬如賓。唯獨小三跟炮友，有啪啪啪的肉體糾纏，卻不曾擁有牽手般的親暱感。一個女人若沒有將整顆心給出去，讓整個人撩落企，她在這段關係裡便有所保留，在床上就無法百分百放開，是不是真的高潮迭起，叫床聲裡男人未必知道，只有女人喊得心知肚明。

無論是穩定交往或同居已久的男女，還是結婚多年的老夫老妻，想要感情持續溫熱，不隨著時間冷卻成一杯走味的咖啡，千萬要養成牽手的好習慣。所謂「溫香軟玉抱在懷」，牽起了手，進而擁抱，然後耳鬢廝磨，性愛的發生才能自然而然不致於停機。最後，當男人企圖讓女人小宇宙爆炸，埋頭苦幹絕對不是制勝關鍵，而是快狠準觸碰到她體內最深處的那個點，那個點不是G點，而是她敏感纖細的心。

男人約炮好棒棒，女人約炮就淫蕩？

親愛的欣西亞，為什麼在大家口口聲聲提倡兩性平權的時代裡，一個男人跟很多女人發生關係，被稱作花心風流，而一個女人跟很多男人發生關係，就會被說是公車破麻，妳可以為我解惑嗎？

■

當我還是大學生的時候，曾經看過這段文字：「男人是鑰匙，女人是鎖，當鑰匙能打開全部的鎖，它就是一副萬能鑰匙，反之，當鎖能被全部的鑰匙打開，那它就是一把爛鎖。」

記得看完的當下感覺頗為氣惱，認為這個敘述一點也不公平，拿去和同樣身為女性的朋友討論，只見她聳聳肩，露出莫可奈何的表情說：「可是這說的似乎也沒錯耶，男人跟女人的生理構造，確實是鑰匙跟鎖啊！」我當然明白她指的是兩性下半身的不同：一個「屌」兒鋃鐺，一個閉月羞「花」；一個衝鋒陷陣，一個包容接納，被比喻為鑰匙和鎖，乍看好像沒錯，但明知道它具有歧視色彩，卻一時又不曉得該如何辯駁，那種窘迫在腦海至今仍然清晰。

這麼多年過去，老娘好歹也出了四本兩性書，現在這個議題對欣西亞來說駕輕就熟。於是，今天就要趁著這個提問，順便打臉一下當初鑰匙和鎖的謬論（摩拳擦掌中）。

首先，親愛的女孩，妳知道為什麼男人有處女情結？為什麼男人會在意妳有幾任男友？為什麼女人性伴侶太多會被羞辱是北港香爐人人插？答案是：因為「沒有自信」，還「怕被比較」。

只有沒自信的男人會害怕女人床上經驗太多，然後自己的功夫被比下去，所以才專找處女或經驗少的人。因為處女沒見識無從比，就算他的老二長得歪七扭八，不持久又軟趴趴，處女也以為這是常態然後讚嘆他龜頭好壯壯，表現好棒棒。

或是來個先聲奪人，先放話說女人到處睡就是淫蕩，好阻止女人主動追求性愛，打壓女人對性的自主。因為在性事上，女人比男人更容易嘗到甜頭，要約炮，女人比男人的成功機率高出許多！自古以來，男人總希望女人不要擁有對性和身體的主控權，否則他們情何以堪？

說穿了，在二〇二〇年的現代，有人如果仍然堅持把女人比喻成鎖，那我也只能說：女人的鎖在無形中已經超越和進化，老早從需要鑰匙才能開啟的傳統鎖變身電子鎖，我們根本不需要什麼鑰匙，勞駕雙手按按密碼就能開啟自己的下半身性福。反觀市面上很多鑰匙，又小又短，難用就算了，還總是不知長進，以為隨便插孔入洞就能開鎖。男人自己開不到女人的鎖，就在那邊靠北被別人開得到的鎖有多下賤，奇怪咧！啊你怎麼不檢討自己的鑰匙是奧懶覺來著？不懂得檢討，又在那邊吃不到葡萄說葡萄酸，實在有夠丟人現眼。

寫這篇文章的用意，並非鼓勵女孩們全部去瘋狂做愛，隨便找陌生人上床，然後大肆地尋求性解放，而是告訴妳：這是妳的身體，妳有絕對的自主權。面對性愛也是一樣，想盡情探索或淺嘗箇中滋味，只要出於自願，不妨害到別人，保護好自己，那就悉聽尊便，不要畏懼男人有色的眼光，不要害怕男人的指指點點。好女孩的定義不是他們說了算，而是出於妳心底的自我肯定，妳有權利選擇想要的性福和幸福，因為這兩者始終握在自己手裡。

性經驗愈豐富，鮑魚就愈黑？

欣西亞妳好：我是一個高中生，上個月在男友要求下，終於和他發生性關係，但事後沒幾天他卻跟我分手，因為我的私密處不是粉紅色的。他覺得我不清純，也認定我一定習慣濫交和私生活淫亂，才會擁有暗沉的下半身，請問我該怎麼辦？

■

這位苦主的提問，讓我想到一次上節目發生的小插曲。那天製作單位邀約多位素人婆婆，分享和媳婦相處的甘苦，錄影結束後，我和其中一位在樓下巧遇，阿姨挨過來直接打開話匣子：「妳是兩性專家厚？有件事我一直沒機會對別人說，今天碰到妳，想問問一件事……」本著長輩有求於人應該幫忙的心態，我對她點點頭。

「我在媳婦生產後幫她做月子，每次幫她清潔下半身，都感到於心不忍。」阿姨皺起眉頭，是說竟然會有媳婦願意腿開開讓婆婆清理下半身！我覺得有些訝異，但仍舊按捺著神情，繼續聽她說下去……「我發覺她的屄屄竟然歐搜搜（台語：烏嘛嘛），好黑、好黑，她媽媽應該沒教她洗澡要洗乾淨，所以我都想幫她擼清企，但可能是因為時間太久，已經某法度了。」聽到這裡，我直視她的眼睛，很認真地說：「阿姨，那不是沒洗乾淨啦，可能她的下半身原本就是那個顏色」「是嗎？可是她的臉啊、手腳啊，什麼的膚色都很白耶……」「上半身皮膚白皙不代表下半身就是啊！也許是因為有了對照，所以覺得她胯下顏色較深，那很正常，妳幫她做好清潔就夠了，千萬不要拚命擼，那邊皮膚薄又敏感，會不舒服的。」語畢，我真心希望這位婆婆放過她的媳婦。

很多人對於女人的下半身常存在誤解，顏色深淺、陰道寬鬆都容易引發討論。所以今天欣西亞就要跟大家探討三個常見的錯誤迷思，好好導正世俗的觀念。

錯誤迷思一：性經驗愈多，下半身顏色愈深

基因是普遍造成胯下顏色深淺的原因，所以全世界才會有白人、黑人、黃種人等分別。就算嬰兒時期顏色粉嫩，但隨著女人進入青春期，身體受到雌激素的影響，陰毛增生，陰唇變寬增厚，懷孕時受到荷爾蒙刺激，乳頭、乳暈顏色可能變深，也會讓胯下告別粉嫩感。

另外，穿著太緊身的褲子，從事日常活動如走路、運動、騎腳踏車，以刮毛方式修整陰毛或過度搔癢，上述的行為都可能造成色素沉澱。

很多鄉民主張：「性行為的抽插會造成摩擦，所以過度摩擦的濫交確實會讓女生變成黑鮑脆，汁開胃。」請各位現在來檢查一下自己的手掌心和腳底板，這些部位在日常生活裡接受的摩擦次數和頻率比手背和腳背都多，但它們的顏色竟然較為白皙，手背和腳背的顏色反而較深。結論是：摩擦絕對會生熱，但摩擦並不一定會造成顏色暗沉。

所以拜託各位，別再以下半身深淺去定義一個女人的性經驗豐不豐富，管好自己比較重要。

錯誤迷思二：性經驗愈多，下半身會愈鬆弛

實際上，女人下半身的彈性和延展性是非常大的，陰道的環狀肌肉組織和人體口腔內的肌肉差不多。試想，當我們在痛快張開大嘴對漢堡或大熱狗堡一口咬下時，連續咀嚼食物好幾分鐘，嘴巴還是會恢復原狀，並不會因為口徑被拉大而失去原有的形狀。所以女人並不會因為性經驗豐富，而造成下半身鬆弛，也請男人別忘自己臉上貼金，想說自己很粗、很厚到能夠把女生捅到鬆弛。如果真是這樣，那麼老二太細的男人，豈不就能說「是因為自己一直抽插、一直抽插、一直抽插，而讓鐵杵磨成繡花針」了嗎？

值得提醒大家的是，老二硬度不夠，在性交時也會讓陰道有「沒被塞滿」的困惑

感。因此若彼此都感覺沒被塞好、塞滿，不見得是女生的問題，男生也要稍微注意，適時檢討。

錯誤迷思三：第一次性經驗一定會流血

擁有處女情結的男性，總會以女性「處女膜是否完好」和「初夜有沒有流血」來當作判斷的依據。很多人以為處女膜薄如蟬翼，類似市面上的保鮮膜，但其實不然，它的厚度大約一到二公釐，中間有一個或多個孔洞不等，以利女性在月經來潮時讓經血排出。此外，當女性做運動、騎腳踏車，或使用衛生棉條等行為，都有可能不慎將處女膜弄破。另外，並非每個女生在第一次性行為時都會流血，統計研究指出只有大約43%的女性會在初夜落紅。因此用處女膜完好或初夜是否有見紅來判斷女生是否為處女，並不客觀。

最後來回答這位苦主的提問。有句話是：坐井觀天，意思是明明身在井裡，卻以為看見頭上的那一片天等於全世界。如果今天苦主的男友性經驗豐富，在床上見多識廣、閱女無數，那一定見過各種形狀和各式各樣顏色的下半身。今天男人認定女生鮑魚就只有一種顏色：粉紅色，那就只有一個結論，就是：A片看太多。

當女人被男人嫌棄鮑鮑不夠粉嫩時，一定要勇敢嗆爆他：「沒有粉紅色又怎樣？老娘還沒嫌棄你不夠雄壯威武，沒有30公分，我未達高潮你老二竟然就已經趴在地上了咧！敢嘴？回去玩自己吧你！」女人的私密處畢竟不是櫻花，無法開出像吉野櫻那種粉嫩的SAKURA，要賞櫻花請去九族文化村或武陵農場。不是粉紅色非常正常，女人千萬不要為了迎合男人跟社會的眼光輕易改變自己，這是我們的身體，我們有權利自己決定。

套句鄧小平的名言：無論是黑貓，還是白貓，會抓老鼠的就是好貓。那麼欣西亞也要說：「無論是黑鮑，還是粉紅鮑，只要是健康好用的，就是好鮑鮑。」（豎大拇指按讚！）

一滴精，十滴血，打手槍會過量？

我是一個大學生，平均一天要打兩次手槍，有時候甚至三次，讓我十分擔心自己是不是打手槍成癮或過量，請老師幫我解惑，謝謝。

■

自慰，可說是種全民運動，只要是人，幾乎都具備這樣的良好習慣，而且不分男女。男人自慰叫「打手槍」，女人自慰，欣西亞喜歡稱呼它「彈琵琶」。因為「猶抱琵琶半遮面」，跟女孩子操作它的樣子很像，更甭說「嘈嘈切切錯雜彈，大珠小珠落玉盤」，形容的畫面更是到位。總之，DIY絕對不是男人的專利，女人也愛做手工藝，只不過，男人往往比女人更樂於討論此事，也更容易一頭熱，畢竟操作方便、手法簡單，打開D槽、握住、套弄，就能射完洗洗睡，明天又是快樂的一天。於是，月光光心慌慌，來一發；寂寞空虛覺得冷，來一發；金榜題名時，來一發；被加薪升遷，更要來一發！反正，人生順或不順，心情爽和不爽，通通都必須向上射出美好燦爛，更甭提有些人是天天射、日日射，射一次還不夠，還得好幾次，自己把自己榨乾才覺得人生沒那麼厭世。因此，常有男生跑來問：「我這樣打手槍，究竟算不算過量？」

DIY就跟吃飯一樣，性慾好比食慾，有些人天生食量大，或偏好嘴饞貪吃，一天吃好幾餐也不見得會變胖，那是因為他日常生活裡運動量大，所以將熱量全消耗掉了。有些人不喜歡呷粗飽，喜歡品嘗精緻美食，雖然吃得少但品質有顧到，只要身體能夠負荷，沒有營養過剩或營養不足的疑慮。自己也安排得宜，真的沒有標準答案可言。因此，是否過量不能以「次數」定義，身心能不能符合才是重點。不過，自慰是否太多，仍是有跡可尋，以下症狀提供給大家參考，而且不分男女：

一 打手槍打到對做愛「性」致缺缺

給我手槍，其餘免談。有些男人會發覺只有夯槍才能給他快感，性愛抽插的刺激根本無法比擬，於是開始對做愛「性」致缺缺，寧願打手槍，也不願跟另一半打八二三炮戰，或是只有老二在手中，夯槍時才能射出高射炮。若是換了位置，從十姑娘換成女人的胯下，彷彿就換了腦袋，認為龜頭在陰道裡無法獲得快感，無論如何「向前突刺，刺！」就是射不出來，必須要把抽插的「自排」，換成套弄的「手排」才能解放，那就要注意了。

二 打手槍打到破皮流血仍在所不惜

明明已經擼管擼到老二破皮流血，還是硬要擼，反正痛爽痛爽的滋味也蠻好der（大誤）。如果發覺已經打手槍打到LP都受傷，還是依然故我、欲罷不能，請男人提高警覺。外國有老二被事主夯到皮開肉綻，還繼續努力套弄的案例，導致最後老二變形，因為傷口結痂造成彎曲角度45度以上。總之，當你發覺雞雞已經被擼到出狀況，奄奄一息幾乎GG，但你仍舊無法放過它，那就是上癮的徵兆，請大家不可不慎。

三 打手槍打到足不出戶廢寢忘食

這個已經達到完全是小頭控制大頭的境界，會為了打手槍陷入無法上學、出門、工作等。此時會陷入「一屌在手，希望無窮」的幻覺裡，隨時隨地都有衝動來一發，而且無法阻止的可能。輕則躲進廁所偷偷來，重則直接在大庭廣眾脫褲立馬來，甚至都已經射到彈盡糧絕，也只能射空氣的空包彈，仍無法停手，這就必須提高警覺！

如果打手槍自覺有過量的可能，可先自行嘗試減少次數，看hold不hold得住。減少次數的期間用運動發洩精力或轉移注意力，若無法成功，腦海仍舊有源源不絕的念頭冒出來，並且身體不可自拔地繼續夯槍，建議求助性諮詢或心理師輔導。

面對以上三個打手槍過度的指標，相信很多人看了應該會覺得「豪洨」。在對比之下，發覺自己跟上述階段還差上十萬八千里遠。如果真是這樣，那恭喜你！今晚不妨開「槍」（還不是香檳）慶祝一下吧！

高潮＝潮吹？男人別傻了！

女朋友跟我做愛的時候，我從沒看見她潮吹過耶！

請問，女生沒潮吹是不是就等於她沒高潮呢？

■

坦白講，在欣西亞接收到眾多讀者詢問，以及線上付費諮詢以來，確實有很多男性詢問關於女生潮吹的事。這也顯示A片害人不淺，導致讓他們誤以為女人高潮就會潮吹，如果沒吹個十萬八千里，從陰道噴得淋漓盡致，就代表女生沒盡「性」，間接否定自己的床上功夫。於是，今天欣西亞就要來揭開坊間關於潮吹的四大迷思，好好撥亂反正。

迷思一：潮吹都跟A片裡演的一樣，只會用噴的

有句話說：受人點滴，湧泉以報。於是在男人看過無數支A片，欣賞過無數位AV女優精湛的演出，大多得到一個結論，那就是：潮吹只會用噴的。於是在床上啪啪啪時，他們難免期待：當女人接收到自己埋頭苦幹、雨露恩澤，下體的水分應該會源源不絕。最好像水庫洩洪一樣爆衝，或是像噴水池般射到天際，然後還搭配聲光效果來段精彩的水舞……（哈哈！）

事實上，潮吹不一定只用「噴射」的形式呈現，除了噴濺，還有像水滴般滴落，液體般流出，或是直接在床單上映出一圈圓圓的水漬。

迷思二：潮吹的量都超過 500C.C

我們女人下半身畢竟不是手搖茶店，也不是在販賣「好了啦，超大杯」的紅茶冰，如果每次潮吹要超過 500C.C，應該會先全身脫水而死。

那麼，女生潮吹的量究竟是多少呢？這個當然是因人而異。根據統計指出，一般女生如果潮吹，她的量從0.3毫升至5毫升不等，5毫升大約是一個淺淺圓形湯匙的量（可不是拿去舀湯的大湯勺哦！），最多可達到150毫升，約莫半杯的容量。可見，要超過500C.C得要天賦異稟，甚至要造假才可能做得到。

迷思三：一定要老二的抽插才會有潮吹

只要女生的膀胱或下體感受到壓力，那麼潮吹就有可能一觸即發。很多時候，潮吹的發生跟性興奮有關聯，但性興奮的產生並非只靠抽插，用手指或嘴巴挑逗、刺激下半身或陰蒂也有可能發生。另外，若觸及到女生的G點，也能讓她愛如潮水，如同滔滔江水綿延不絕。所以如果男人躍躍欲試，多按摩俗稱「小豆豆」的陰蒂，或效仿加藤鷹的金手指尋找G點，都是不錯的方式。

迷思五：每個女人都會潮吹

根據統計，只有6％的女孩聲稱自己有潮吹的經歷。因此並非每個女人都會潮吹，頂多是溼到把床單給弄溼，但溼答答也不見得跟男人的床上功夫有關係。因為女人在月經來潮之前陰道會變得比較溼，甚至會有類似蛋清的分泌物流出來，如果此時男人將之視作女生潮吹，以為一切是自己的本事，也只能說你們好傻好天真。

結論是，**女人高潮不一定會潮吹，沒潮吹也不代表她沒有高潮**。潮吹只是男人看A片所得到的迷思，覺得AV女優被弄得一瀉千里很壯觀，也帶來成就感。其實，女生實在很辛苦，為了取悅男性，有時在床上高潮要裝，現在連潮吹恐怕也必須作假。要作假其實很容易，做愛前水喝多一點，中途偷偷撒泡尿，不然就是趁你不注意拿水槍或花灑出來噴射，男人就會爽歪歪。上床時，如果男人的目標不是只有自己爽，而是讓女人也有高潮，建議是把前戲做足，那比單純的抽插還更讓我們更欲仙欲死哦！

吞精可以養顏美容？

時常聽到人們說：吞精可以養顏美容，我想知道這是真的嗎？另外，如果男生吞自己的洨會怎樣嗎？可否為我解答，謝謝。

■

看到這則提問，欣西亞腦海浮現出在農產品上常看到的四個字，那就是「自產自銷」。不但自產自銷，還做到物盡其用，實在是好棒棒（豎大拇指）！

一般來說，和吞精有關的問題，多半來自女生，好比：「男友希望我能對他吃乾抹淨，但臣妾就是做不到啊，究竟該怎麼辦？」這倒是我第一次碰到男生顧慮到要吞自己的洨而來發問。是說，吞精實屬個人自由，做與不做，我想沒有人會阻攔，這件事大體上也算安全，「雖然吃不飽，但也吃不死」，不過還是有幾個關於吞精的事實想在這裡補充給各位，除了破除迷思，也讓有興趣的人深入了解。

迷思一：吞精能養顏美容

很多男人喜歡對女人強調吞精能養顏美容，希望對愛美的女性洗腦一波，讓她們在床上樂於吞得一乾二淨，自己好享受口爆對方的快感。事實上，精液雖含有蛋白質，但卻非常少量，其含量也跟產出者的年齡、健康狀況也有關。如果真想知道吞精對於營養攝取的影響，必須要吞至少 3700c.c 起跳的量才能探究一二，相當於一天要喝到七～八杯 500C.C 的手搖茶才可能看得出效果。如果真的勇於嘗試，吞不是問題，男友的產量才是重點，別說要射精射到七～八杯，光是一杯已經很拚，這已經不是抽插就能達陣，就算擼管擼到「燃燒吧！火鳥」，打手槍打到靜脈曲張……嘛系某摳零。

迷思二：吞精會發胖

精液確實含有熱量。以一般男人平均射精產出量約為一茶匙來看，吞精一次大概會攝取5～7卡的熱量。以營養學來說，人體每增加一公斤的體重，需要攝取至少7700大卡。擔心吞精會發胖的人，至少要吞這麼多卡路里，也就是產出者必須要射精1000～1500次才能累積到這個數量。因此，光靠吞精發胖的機率微乎其微，胃口好的人可以盡量吞沒關係（大誤）。

迷思三：吞精很安全

吞精不見得安全，有少數人的體質會對精液過敏。過敏反應通常會在吞精的20～30分鐘後出現，症狀可能是皮膚癢、紅腫、呼吸困難等。不過，有人吃堅果也會出現類似的過敏反應，所以不是呈現這種過敏狀況的人，都是吞了精。

迷思四．吞精會懷孕

精液透過口交由食道進入胃，精蟲就被胃酸消滅，就算它是鋼鐵人通過強酸的考驗，也會被腸胃道消化，進而吸收，再變成大小便被排出。因此，吞精是不會造成懷孕的。

迷思五．吞精能增添性愛情趣

A片裡通常上演的情節是：AV女優一副銷魂樣幫男生口交，男生一陣噴發給予口爆，接著女優把嘴裡「嘉明的味道」舔吸玩弄一番，再咕嚕一聲吞下肚，由於每位女優的表情都是心滿意足，給予男生「以為每個女生都喜歡這樣玩」的錯覺，認為吞精能增添性愛情趣，但事實上卻不盡然。畢竟吞精的人是女生而不是男生，「子非魚，安知魚之樂」，自己覺得爽，未必代表對方就跟你一樣爽。也有女生一廂情願認為吞精能讓性愛升溫，進而讓男人更愛自己，這個想法也是大錯特錯。

吞精是否增進性愛情趣，不同的人有不同的感受，如果男生想嘗試，行前溝通很重要，在毫無知會的情況下，直接射在女生口裡，是非常沒禮貌的行為。如果女生不願嘗試，也應該直接了當說出來，切勿半推半就，更別讓這件事淪為博取愛情的手段。

關於吞精，男人不該強迫，女人不該委屈。當女人願意幫男人口交並且吃乾抹淨，並不是她食慾好，對吃的什麼都不挑，也不是因為你的洨特別好吃，讓人呷落欸唰嘴，這一切都是出自於愛。話雖如此，男人卻不該把吞精當成「她是否真心愛你」的證明，兩性相處就是互相尊重，互相體諒，互相包容，兩人的感情才會長長久久。

吃蘑菇就變臭鮑，吃蘆筍就變衰洨？

Dear Cynthia：之前在網路看到有人說女人吃蘑菇會變臭鮑，男人吃蘆筍會變衰洨，而吃鳳梨則會讓男女的產出物變得清甜，請問這是真的嗎？

■

英文有一句話說 **You are what you eat**。意思是：你吃什麼，你就會變成什麼。所以，飲食確實會影響下半身的風味，不過以下江湖傳言究竟是對還是錯？到底要吃什麼，才能讓女生的出汁和男人的洨像冷泡茶一樣，入喉還會回甘？就讓欣西亞來告訴你們吧！

一 女生吃蘑菇會變臭鮑→╳

這個傳說是錯的。事實上，香菇或蘑菇富含銅鋰鋅的鋅，富含鋅的食物能讓女生下體防止乾燥和搔癢，也能讓經期規律，而且它們還可以提升免疫功能，讓女生遠離陰道炎。因此，蘑菇是無辜的呀！當下半身飄出惡臭，大多跟陰道的健康狀況有關，如果聞起來是魚腥味，有可能是細菌性感染所造成，倘若有黃色或黃綠色分泌物，伴隨泡沫，陰部甚至出現紅腫、發癢，以及刺痛感，則可能是陰道滴蟲感染，請立刻找醫生諮詢。

二 男生吃蘆筍就會變衰洨→◯

這個傳說是對的。天底下，無論是男神金城武還是菜頭二百五，男生的洨只分成兩種，一個叫好洨，一個叫衰洨；好洨就是一般風味，衰洨就是難吃的雞巴味。無論是好洨還是衰洨，它就是會有一種「洨味」，令人無法避免。是說，吃了蘆筍後，人體會把它轉換成一種含硫磺的化學物質，讓尿液變得刺鼻難聞，所以，無論是男生還是女生，吃了蘆筍，你下體的產出物並不會變成好喝的津津蘆筍汁。

另外，菸、酒跟咖啡不離手的人也必須注意，上述對身體刺激性較多的東西也會讓排泄物變得重口味，所以很多菸癮重或嗜喝咖啡的人，排尿後都會有一股淡淡的菸味或咖啡味。如果另一半不介意在口交時順便吸二手菸或來個咖啡因提神，吞吞吐吐時也許可以一舉兩得。不過，倘若她擔心長期之下會染上肺癌或之後晚上睏未企（雖然機率微乎其微），在啪啪啪前，還是少碰為妙。

三 吃鳳梨會讓出汁變得清甜↓X

這個傳說只說對一半。事實上，只要多吃富含維他命C的水果，就能改善胯下的味道，讓它變得較為好吃。所以不僅僅是鳳梨、奇異果、櫻桃都能派上用場；莓果類像是藍莓、小紅莓、桑椹也有非常好的效果。不過有件事要貼心提醒，就算吃再多，各位的出汁都不可能變成那種糖果般的甜度，頂多味道沒那麼重口味，否則如果變成甜食，那被口爆的人豈不都變蛀牙，然後吞精的人都得糖尿病了嗎？（這當然是開玩笑的！）

解答完江湖傳說，欣西亞也要貼心提醒，根據英國《每日郵報》報導，坊間以高脂肪、充足蛋白質、低碳水化合物為主的生酮飲食，久而久之，竟然會使人的口腔飄散臭雞蛋味或食物腐敗味，嚴重時連帶影響私密處味道。專家指出，那是因為生酮飲食會讓肝臟產生化學物質，進而讓呼吸、排泄物和陰道分泌物出現難聞的氣息。因此，若想打造黃金下半身，吃素，不過量攝取肉類或添加大量辛香料的食物，確實能提升口感，愈是注重養生的人愈有可能產出風味絕佳的洨或愛液。如果希望另一半為自己用嘴巴或舌頭服務時擁有美好經驗，平時不妨多吃，不但有益身體健康，搞不好還會化身阿雞溼上菜，讓伴侶嚕呷嚕唰嘴。

此外，多喝水也能提升下體的質感，將「出汁」從餿水油的 level 提升到薑絲蛤蜊湯。如果水分攝取不夠，絕對會影響出汁的味道，讓它變得濃、醇，卻不香，這點從尿液便能窺探一二。水喝得少，小便多半氣味刺鼻，顯現的色澤黃澄澄，令人無法入口，水喝得多，小便在氣味和顏色上都不厚重，呈現淡黃色，甚至接近白開水，倘若真要喝，起碼不會那麼勉強。總之，上半身若口乾舌燥，下半身的「媽媽嘴」或「爸爸屌」產出的東西難道還會好吃嗎？當然是NO囉！如果水喝得少，產出物的味道就走重口味路線，除非對方吃重鹹，酷愛日本豚骨拉麵那種厚實的白湯頭，否則請勿出菜上桌。

最後，到底怎樣的洨或愛液，才能跟「歐以西」畫上等號呢？基本上以清淡為佳，男生會有股淡淡的泥土芬芳，而女生淺嘗起來則會有點鹹味，「天然欸熊厚」！不過，有鑑於食安問題搞得人心惶惶，正式用口在伴侶兩腿間開工之前，以下SOP提供給大家參考：先用手輕搧、揮出氣息↓默默深聞↓然後藉機觀察。確定沒有惡臭，無濃稠或異色分泌物，再認真開吃，免得誤食黑心鮑或有毒老二，發生食物中毒。別忘了，一場完美的性愛，除了追求性福和高潮，安全也是非常重要，欣西亞在此關心大家的健康。

當女友的假陽具屌打你的老二，她自慰是因為吃不飽？

我在女友的床頭櫃發現了一個驚人的「大」祕密，這個祕密就是她會用情趣用品，而且種類繁多，其中一支竟然是漫威人物中的綠巨人浩克，我感到非常崩潰，難道是因為我不夠厲害不能滿足她，所以需要偷偷自己來嗎？拜託欣西亞幫忙開示！

當男人發現女人抽屜裡的假陽具時，就算說出「世界愈快，心則慢」的金城武應該也無法冷靜。畢竟這不是一場以長相取勝的評比，要比的是男人千錘百鍊的真功夫。尤其這似乎又反應出兩件事：一是女友在兩人炒飯之餘還私自偷吃夜宵，「雞加酒」一人成行，怎麼想都令人「美送」。二是如果她手中那支雞是「完全不符合人體工學」的大鵰來著，那肯定讓男友玻璃心碎滿地，堪稱是比悲傷更悲傷的事了。無論哪一項，我猜大部分男人得到的結論都會是：她肯定不滿意我大丈夫的尺寸或男子漢的表現，否則何須如此？

首先，無論是男是女，當他們發覺身旁的另一半會在私底下ＤＩＹ的時候，反應都無法太平常心。雖然不是出軌，但多數人的感受卻像遭受背叛，雖然不是跟小三，但一想到他們趁著夜深人靜跟自己的手心、手掌、手指頭，還有Ｄ槽裡的人物在腦海進行親密舉動，就還是無法忍受。女生會覺得莫非是我沒魅力？男生則檢討難道是我不夠用？在百思不得其解的情況下，他們只會得到一個結論：「犀利人妻說：『愛情裡，不被愛的才是第三者』，那麼在床上，肯定是沒被餵飽才需要自己來！」

身為ＤＩＹ最高榮譽會員兼執行長的欣西亞，今天就要來為各位解惑：雖然「做愛」跟「自慰」一樣都是追求高潮迭起、射到榨乾自己，但過程卻大不相同。

做愛就好像我們和伴侶一起上餐廳吃套餐，從麵包、沙拉、湯到主菜一道道慢慢品嘗，就算自個兒已經餓得頭暈目眩，只想以狼吞虎咽的速度嗑完洗洗睡，但還是得顧及對方用餐的 tempo。別說人家還沒把沙拉吃完，你就是不能上主菜之外，途中還得裝模作樣地問：「怎麼樣？好吃嗎？」或是假掰地發表讚美：「妳今晚看起來真漂亮！」總之，不是只有你吃飽就算，還得顧慮到另一個人是否真有享受到。

自慰，則好比三更半夜嗑零食。很多時候並非特別肚子餓，只是感覺嘴饞，或是純粹覺得無聊，邊追劇邊嗑洋芋片，或邊打手遊邊吃泡麵，完全不需過問伴侶究竟想吃啥，自己愛吃什麼就吃什麼，自己愛怎麼吃就怎麼吃，一個人飽全家飽，痛快至極。

說穿了，做愛很爽，但它對男人來說畢竟是種體力活，要把女人搬來搬去、喬體位，連抽插都得費一番腰力才能得標，對女人來說雖然相對省力，但很多時候男人就愛餵我們吃些不愛吃的東西，沒問要不要就任意塞東西進咱們嘴裡。自慰就單純許多，點餐可以悉聽尊便，雙手出力不需埋頭苦幹就能輕鬆到位，快狠準啟動小宇宙爆炸機制，「含笑半步癲，迎接美好第二天」。

話雖如此，吃零食很爽，但營養價值低，屬垃圾食物，再好吃也不能當正餐，套餐可口歸可口，每日吃大餐也會令人消化不良。不吃正餐傷身體，放棄小點不人道，雙方並進，同時擁有，生活才會有樂趣。

「等等！那綠巨人浩克尺寸的假陽具咧？妳怎麼說？」我能想像苦主看到這裡也許還是氣噗噗，畢竟男人ＤＩＹ多用雙手，血肉之軀跟「矽膠大根」相比，怎能不傷心。哎喲……自慰本來就是一場性幻想的實踐嘛！就像男人打手槍需要看片助性一樣，片子的類型不可能每次都中規中矩，火車派對、不倫戀，甚至屎尿齊飛，好奇心旺盛的人難免想多方嘗試，並不代表你認真想跟女友在做愛時共同上演。你打手槍時挑選的AV女優也都是海咪咪、大罩杯、腰束奶膨卡稱頂扣扣，要計較下去是計較沒完的，因此不需要把焦點放在size這件事上。況且，你也不知道她的浩克是怎麼來的？是超商集點的贈品？（並沒有這項換購吧！）？閨密間送的禮物？還是單純覺得酷所以收藏？

無論如何，發現女友抽屜裡的假陽具，「面對它，處理它，放下它」絕對比猜忌，甚至逃避為上上之策。我鼓勵你暗示她「獨樂樂不如眾樂樂」、「自娛也順便娛人」，挑選一個你能夠接受的造型以及尺寸，當作禮物送給她，甚至跟她一起討論選購，搞不好你們之間會因為新夥伴的加入更增添愛火，玩得比以往更high。

女人自慰絕非蕩婦，也並非因為男人餵不飽而採取的手段，它是一種「自愛」的表現。當男人發覺女友或老婆從事這項有益身心健康的活動時，除了用平常心看待，更要慶幸她對自己身體瞭若指掌，熟知每個愉悅的開關，下次在床上，不妨請她帶路，兩人間的性愛一定能夠更上層樓，高潮更加激昂，男人也能射出新高度。

白虎會剋夫？陰毛要修嗎？

親愛的欣西亞，我想知道女孩子下半身的陰毛到底該不該修？如果應該，有什麼事項應該注意？

古代人將下體體毛稀疏，或天生無毛的女子稱為「白虎」，視其為不祥之物，認為白虎女會帶來不幸，甚至剋夫。古書中更記載：「多淫女子陰毛甚少，僅微陰阜邊緣，亦有一毛不長也。愚笨女子稀少且短，柔軟不直，不黑，聰明女子則反」。文中認為女子陰毛少會淫蕩，而且愈少愈軟愈Q毛的智商愈不高，這讓欣西亞在蒐集資料時忍不住大笑。

先撇開古代人迂腐的觀念，在現代，男人對女人胯下的毛髮可抱持著不一樣的看法。網路論壇曾經做過統計：台灣男人在做愛時，喜歡女生下半身光溜溜的為42.4%，有經過修剪整理的則為53.8%，完全不在意的只有3.8%。體毛經過修整，除了提升鮑魚的整體視覺，讓男人一目了然，有高堂明鏡的效果之外，在開工時也比較不容易迷路，尤其在佈滿蕨類和闊葉林植物的亞馬遜叢林裡，沼氣往往特別重，一脫下內褲，一股原始氣息撲鼻而來，眼前立刻出現人生跑馬燈，更別說還要行使「吃吃的愛」，分泌的唾液立刻被毛髮吸光，開吃時千根毛在嘴裡彷彿在用牙線剔牙，那真是苦不堪言。若非為了性愛品質，女生下體毛髮過長，平時容易沾上分泌物，經期時容易沾染經血，當蓬鬆的毛髮成了毛筆頭，在打啞謎歌謠「什麼尖尖姑娘前?」可就有另類答案了。

根據欣西亞自身的經驗，我也有一本厚厚的「毛」語錄要和大家分享。話說老娘也曾經「走路有風，下體有毛」，在修毛的時候也僅是點到為止，讓胯下保有「妾髮初覆額」的情趣。直到某一天 Shane 對我「上床弄青梅」之後，他帶著一副奸臣樣大膽進言說：「試試看把瀏海都剃光光走巴西式如何？」我聽了眼睛一亮，想說這也太酷了吧？我們便立刻把修毛變成一種另類的前戲。剛剃完的那幾天，每次照鏡子我就覺得自己的下體像是一顆白泡泡的水餃，據Shane說，品嘗起來，也是皮薄餡多，「鮮嫩多汁」，於是便開始用「老皮嫩肉」在床上走跳。

也許是沾沾自喜過了頭，我完全忘記「維護」這件事，而且陰毛生長速度之快也讓人驚訝！才沒幾天，原本白嫩嫩的餃子皮上竟爭先恐後探出鬍渣，變成了短毛奇異果，有礙觀瞻就算了，重點是……還很癢！那種癢很像是千萬隻紅螞蟻在咬你的三角洲，癢到妳用手抓的不夠，還會很想啪！啪！啪！用拍的止癢。問題是出門在外，也不好雙手老在自己的下體游移，那種煎熬，不是一般人能夠體會。無奈我已經愛上無毛的清爽感，日後洗澡時都會順手修個精光，人家修行我修毛，只能說「毛海無涯，唯勤是岸」啊……各位施主（雙手合十）。

那麼陰毛究竟該不該修？

陰毛能釋放費洛蒙，吸引異性，並且保護陰部，減少在性愛時造成的碰撞及摩擦，更能調節溫度，不讓性器官一下接受到冷空氣而感覺不適，因此理論上有存在的必要。但若想要美觀，希望在穿著內褲或泳衣時沒有尷尬的雜毛從「該邊」竄出來，減少惱人異味，甚至在做愛時一併敞開大腿和心房享受口愛，只要不危害健康，稍微修整無傷大雅。

至於如何除毛？坊間常見的方式有刮毛刀刮除、熱蠟拔除和雷射。以費用高到低來說，是雷射＞熱蠟拔除＞刮毛刀。所謂一分錢一分貨，持久性也是如此。除了雷射之外，欣西亞本身嘗試過其他兩項，熱蠟拔除後的肌膚觸感如同嬰兒般，非常平滑嬌嫩，畢竟是連根拔起，大概可撐兩～三個禮拜（因人而異），才會慢慢從光頭長成小平頭，新生的毛髮柔軟，三角州也無過度摩擦導致黑色素沉澱的後遺症。缺點是比較有感，倘若怕痛，很可能會被美容師撕扯到呲牙裂嘴，全身冒汗。

塑膠刮毛刀只是把表面的毛髮刮掉，處理完肉眼還是會看見一顆顆的黑頭點點，觸感粗糙，而且還不持久，不出三天已有鬍渣冒出，但它最省錢，也最容易上手，趁淋浴時就能順勢刮除，不需求助專業，very simple and easy。

但無論是熱蠟拔除還是刮毛刀刮除，都要小心毛囊發炎。後者因是自行處理，使用的工具若沒完全消毒，發生的機率又比前者高，想嘗試的人還是「閃開！讓專業的來」。

看到這裡，也許有人會好奇：「欣西亞，我看妳分享的都是全除的巴西式，那我可以稍微修剪就好嗎？」當然可以。倘若仍想保留有毛的狀態，我仍強烈建議找專業的修毛師下手。因為太多人跟我說他們拿剪刀把陰毛剪短，結果嚴重刺癢，苦不堪言。那是因為陰毛本身有硬度，貿然剪它，會讓陰毛產生尖銳截面，導致不適。

修毛並非女生的專利，男生適時理毛，能讓置身荒煙蔓草的小麻雀變身大鵰，老二尺寸立刻加碼，看上去賞心悅目不說，若讓女生用口為你服務，因為工作環境的改變，搞不好更樂於開工。維持胯下的衛生整潔，人人有責。希望大家都能打造清新養眼的下半身，守護它的健康，也順帶提升床上的性愛品質哦！

幫女人口愛是狗喝水？這誤會大了！

請問欣西亞：妳知道什麼是「狗喝水」嗎？

不曉得從什麼時候網路上開始流傳「狗喝水」三個字，從PTT西斯版到Dcard都能見其蹤跡，每每看見這樣的發文，底下淨是男人的留言，大夥兒你一言我一語，紛紛討論起自己喝水是如何「瘋狗浪」等級和各種辛酸……欣西亞這才恍然大悟：原來你們口中的狗喝水，說的是幫女人口愛這檔事。

有句話是這麼說的：戲法

人人會變，各有巧妙不同。口愛當然也是一樣，凡是有舌頭的，照理說都有資格參上一腳，只是看靈活度高低罷了。然而，若幫女人用嘴服務單用「狗喝水」三字便區區帶過，本人認為，不但低估了從事這份工作所該有的技巧，更侮辱在座所有的男性。試想，女人希望床伴具備像彭于晏那樣的公狗腰已經是可遇不可求，現在他還像條狗一樣只懂得在兩腿間來回舔弄，那老娘乾脆去養條狗算了，還要男人做什麼？是吧！口愛，它絕對講究技巧，沒技巧好歹也要上心，吃乾抹淨中帶有著真切的情意，否則就是NG。你們也不想女人把吞吞吐吐這件事形容為「猴子吃香蕉」吧？因此，今天欣西亞就要以女人的身分傳授大家幾招「口愛小撇步」，讓各位在表演時才不至於狗咬狗一嘴毛。

口愛的練習，很多人習慣用吃生蠔來嘗試，但生蠔貴桑桑又無法唾手可得。當你打算在女人雙腿間展開唇槍舌戰時，不妨把她想成是一碗泡麵最得聖心。

第一步，是「吹」

你慢慢湊近埋藏在大腿深處的桃花源，光用輕微的鼻息，先在大腿內側溫柔吐納，順道親吻嬌膚嫩肌。光是這樣的舉動，已教她感受雷霆萬鈞。然後，再像是吹散湯麵的熱騰騰蒸氣般輕輕吹氣，讓來自口腔的溫度灑落在她最敏感拔尖之處，俗稱小豆豆的蓓蕾，如此暖場已足以令人屏息。

第二步，是「吸」

日本人在享用拉麵時常會用力吸吮並發出悉悉嘣嘣的聲音，以表對師傅的讚美之意，但口愛時，這感受因人而異，有些女生覺得音量大讓她很 high，有些則會覺得是你缺乏用餐禮儀。無論是哪一款，在吸的時候都切勿太過用力，你畢竟是人，不是 Dyson 吸塵器，一味地埋頭苦吸，吸得滋滋亂叫，只會過度刺激逼對方從你腦門巴下去，更別說種草莓，那真是幼稚的行徑，這個穴位可能還有其他人要用，想做記號不是這麼使的。

第三步，是「含」兼弄舌

這個moment很多男人都是亂舔一氣，也就是模仿狗喝水，不但枯燥還很無趣。建議各位把舌頭當毛筆，臨摹字母A到Z，大小寫、草寫皆宜，還可加碼玩「我寫妳猜」的遊戲，跟炮友用來自我介紹英文姓名或留電話，約炮頓時變得妙趣橫生、樂趣無窮。搞不好為了跟你再玩一次，還先預約下一次的炮局也說不定。

最後，則是「吃」

雖說是吃，自然不是要你動用利牙啃咬，而是將第一到第三的「吹、吸、含」三步奏重複並混搭，保證讓她含笑半步癲。但無論做到哪一步，用心絕對是不二法門。慈濟的釋證嚴法師說過：甘願做，歡喜受。我認為用在口愛十分到位，男人一定要先心甘情願的在女人胯下開工，等會兒就會歡天喜地接受她的回報。當然，我無法保證對方會願意「以其人之道還治其人之身」也同樣對你開吃，但有做有保佑，有吃有機會，沒吃當然就是NO漱（對！是漱懶覺的漱）。

最後，有件事要貼心提醒。有道是：射人先射馬，擒賊先擒王，致使很多男人在出動舌頭後，直接找最敏感的核桃仁（就是小豆豆）下口，但口愛畢竟不是在演練孫子兵法，女人需要時間暖機，所以才有上述步驟的解析。畢竟直接用螢光筆畫重點，那突如其來的驚喜容易變成驚嚇，所以step by step才是王道。另外，現在食安問題嚴重，開工前如果聞到類似魚腥的臭味，甚至看到黃色、青色或綠色的分泌物，拜託大家別輕易入口。「不乾不淨吃了沒病」在此時無法派上用場，如果是女友，請陪同她就醫；如果是炮友，請建議她就診。抵制黑心鮑是你我的責任，防止黑心鮑在市面上流竄，才是名符其實的真正好國民。

做愛時包皮像鐵捲門上下滑動，割除後老二更持久？

我是個即將 30 歲的男人，一直覺得自己凍未固，做愛時常常很快就繳械，聽說割包皮能夠提高持久度。請問欣西亞，建議我去做包皮手術嗎？

■

關於「包皮跟做愛持久度的關係」，一直是眾多男人的疑惑。江湖謠傳說龜頭失去那薄薄一層皮的保護，能在日常生活裡和內褲進行摩擦，或事主在行走時接受刺激，相形之下就有了「磨」練，在做愛時能更不敏感，自然凍欸固。

上述概念雖不是全錯，也並非完全正確，因為在某些情況下，割包皮確實能幫助延長持久度。好比天生「包莖」的男子，由於龜頭長期被包皮包覆，以致於沒有機會和外界接觸，於是一旦啪啪啪會變得特別敏感，導致早洩。換句話說，如果本身並非包莖，龜頭能夠自然外露，包皮對持久度並不會有太大影響。倘若因為包莖而割除包皮，術後還是要有一段時間讓龜頭習慣摩擦的刺激，以及性器相接的抽插，慢慢去敏感化，以達到持久的效果。

若不論持久，包皮究竟該不該割，似乎也是男女關切的點。

首先是乾淨衛生，有女生就曾經跟我分享，去皮雞吃起來風味就是不同，雖不致於飄出小清新，但適口性佳，好入口、好入喉，也比較不腥臭。有皮雞的老二畢竟長期包覆在袖套裡，推開時容易有異味，偶爾還有包皮垢當人工加料，要「簫兒對準口，口兒對準蕭」就有點勉為其難，深怕吃到不該吃的。其次則是健康問題，一般世人觀念覺得包皮容易藏污納垢，與之性交，長期下來，輕則感染，重則罹癌，深怕將來陰道炎、子宮頸癌通通上身，令女生膽戰心驚。最後，則是性愛爽度，和我抱怨的男人竟多過女人！有人覺得在衝刺時包皮會連帶捲動，「跟個鐵捲門一樣上上下下」，令人分心，若不慎拉扯到，那可不是愉悅的痛爽而是純粹的痛感。也有人直言老二雖身在陰道，抽插的滋味卻像在捅麵腸或素肚，「自己跟包皮做愛」，整個非常掃「性」。

縱觀上述結論，男人紛紛問我是不是包皮割了比較好，彷彿割了便一勞永逸，頭好壯壯沒煩惱，考試都能一百分。

依我看來，第一和第二點，只要男人洗澡的時候都把包皮推開來清洗乾淨，不讓包皮垢堆積，甚至在愛愛前再次沖澡清理，就能避免風味不佳的窘境發生。至於女人害怕的陰道炎，建議在炒飯結束後去撒泡尿，上廁所不是用來照鏡子、看表現，而是降低細菌感染的機會。另外，全程使用保險套，女性定期做子宮頸抹片檢查，也能降低罹癌風險，不一定非得要求男去皮才能預防。第三點則建議請教專業醫師，如果真的有包皮過長的疑慮，或嚴重影響性愛愉悅度，聽從醫生建議再考慮手術也不遲。

包皮割除是否好處多過壞處，其實見仁見智。醫師也指出，除非有必要，否則實在不需除之而後快，只要你使用無虞，操作方便，做好清潔，確實守護下體的健康，那自然就是值得稱讚的好屌啦！

性健康和技巧

02

千萬別跟 AV 男優學做愛

親愛的欣西亞，我很喜歡看 A 片，而且也都很認真去研究裡頭的招數。只不過每次我把片子裡的花招搬到床上使用時，女友的反應跟 AV 女優差很多，沒很 high 就算了，表情也充滿怨念，甚至在幫我口交的時候偷咬我老二，請問我學 A 片難道錯了嗎？■

日本影集《AV帝王》在Netflix上燒出一片火熱，裡頭赤裸的運鏡、無上限的尺度引起觀眾一陣嘩然，主人翁村西透建立了龐大的AV帝國，顛覆了當時刻板的故事情節及運鏡，甚至不惜親身下海當起男優，更發明火車便當體位，將他稱之為A片之神也不為過。然而，影集畢竟是以男人的視角為出發點，裡頭有些情節確實讓欣西亞滿是黑人問號，好比他讓女優黑木香邊做愛邊吹海螺，我實在不解這樣該如何助性？如果老公Shane在前戲突然拿出海螺然後叫我吹，我應該會說：「你確定？此時吹喇叭才應景吧？」然後就默默蹲下去……（喂！）總之，這又不是在上海產課，要吹也是他吹我的鮑魚或北寄貝（現場就有一尾活跳跳的），做愛前準備海螺簡直是羞辱人！

日本A片源遠流長，也是多數台灣男人的性教育來源。看見女優潮吹得源源不絕，男優抽插三小時還金槍不倒，便誤以為這是性愛的標杆，床上十八招的體位，也不顧是否符合人體工學，有樣學樣，讓自己幹得「大粒汗、小粒汗」，也讓女伴白眼翻到後腦勺。

今天欣西亞就要現身說法告訴男性，很多前戲或做愛的招式，千萬不能照本宣科模仿，跟AV男優學做愛，我們並不會覺得你很厲害，而是片子看太多。

禁忌一・接吻時舌頭比人搶戲

AV男優接吻的時候，很喜歡用手緊抓女優的臉，將對方的嘴用力掐住或向上撅，不然就是用手扣住後腦勺再往前推。是說，這樣女生的臉會變形且毫無美感，女生也會覺得自己非常不 sexy。接著，舌頭開始超級搶戲，完全不想乖乖留在嘴巴裡，而是上演牛仔很忙的戲碼，這一秒口腔，下一秒嘴唇，然後還會延伸到整張臉，像過動兒般亂舔一氣，再伴隨翻攪舌頭和吸鋁箔包的高分貝滋滋聲，氣氛完全令人倒陰。

和女生接吻時，要像品嘗美酒一般，先輕啄淺嘗，再深度吸吮。如果想詮釋法式熱吻，得讓舌頭溫柔嫻靜地待在對方口腔裡，輕輕地和女生的舌頭翻轉糾纏，不過度花俏，不過於浮誇，完全投入感情，讓兩個人沉醉在這浪漫的時刻裡。

禁忌二．使出鹿鼎記的「抓奶龍爪手」

我理解「有奶便是娘」這五個字帶給男人的意義，但既然已經斷奶，就不能再用小娃兒那套去「對付」女人的胸部。根據我的觀察，AV 男優跟「罩杯」似乎都有深仇大恨，罩杯愈大仇恨就愈深，乳房、乳頭和乳暈好像曾經血洗他全家一樣，一遇上必定使出抓、捏、掐的擒拿術，啃咬也是必殺。連舌頭又是吸得滋滋作響，大拇指和食指也要對乳頭以揉捏逗弄之姿加入混戰，C'mon！見過世面的男人真的不會這樣搞，這不是在玩玩具或捏黏土，你當然能口手併用，但乳房畢竟是敏感的器官，乳頭更是佈滿神經，動作輕柔，速度放慢，細細的挑逗，才會引起女人大大的激盪。

禁忌三．不停變換體位

有些男人喜歡把做愛當作是自己的「觀賞A片成果發表會」。看過的每個招數都要使上，不使就是對不起自己，所以會傾盡所有生命不停變換體位。但礙於硬度跟持久度，便以抽插5秒為一個單位，每5秒就換一個體位。看到這裡你們一定認真覺得扯，但我真的沒跟各位開玩笑！太多女生問我為什麼男人很愛在床上把她們「賓來賓企」（台語：移來移去），而且變換時間都超短，到底是在急什麼？個人認為一次性愛三個體位就差不多了，愛改變姿態、體位過於花俏，只會讓女人覺得你是不是嗑藥？還是該吃藥了？

禁忌四 · 話太多如同黃河之水滔滔不絕

「妳好淫哦」、「妳看看妳自己都淫成這樣了」、「怎麼樣妳爽了嗎」、「老子要幹死你」。相信大家都聽過：話多不如話少，話少不如話巧。我承認在床上的淫聲浪語確實會助性，但上述例句熊厚母湯。尤其一直問「妳有沒有爽？」「高潮了嗎？」多問真的不會多high，反而讓人覺得你經驗不足。而且，這麼愛出一張嘴，倒不如多用唇舌在女人兩腿間展開唇槍舌戰，絕對好過長篇大論。

結論是，跟AV男優學做愛千萬母湯，他們的技巧花招僅供參考，依樣畫葫蘆不但NG，也讓女人把你從性愛名單上取消追蹤並且封鎖。A片裡的情節很多也只是性幻想的實踐，演出來滿足各位的視覺感官，問都沒問就直接對女伴口爆或顏射，自然別怪我們偷咬你的小雞雞。最後，希望男人們在床上都能走出自己的一片天，多看多聽多觀察，照顧好女人的感受，才有資格做一個真正的性愛帝王。

做愛時間多久才算及格？

欣西亞妳好：一直以為男人持久，甚至達到金槍不倒的境界才會帶給女人性福，前任女友們也沒人抱怨我凍欸固的本事，沒想到最近交的這一任，性愛過程裡總是希望我「嗨呀酷」（快一點），說我如果弄太久會讓她很不舒服，但太快我又擔心她沒享受到。請問男人做愛多久才算正常？拜託幫我解惑，謝謝！

■

坦白講，這個問題欣西亞被男性讀者們問了不下幾百次，每位很關心自己是否達標。還記得當我在成為性諮詢治療師並考取其證書的課程裡，老師曾經要大家提出認為合理的時間長短，結果眾說紛紜，從三分鐘到三十分鐘都有。後來答案公布：只要男女雙方都有獲得滿足，那就是最標準的性愛長度。

不過，我知道這個說法應該無法滿足擁有進取心的男性，因為它聽起來有點籠統，對方有沒有滿足你也不一定知道，所以還是希望我給個正確數字，好設立追求的目標。既然如此，欣西亞就來認真為各位分析一下。

性愛，其實分成兩個部分，一是包括親吻、撫摸、挑逗的前戲，二是男女性器相接的性交。以一段完整的性愛，從前戲到性交來看，時間上確實頗為彈性，倘若它是天雷勾動地火的激情，很可能15分鐘內就走完起承轉合。雖然短暫，卻令人欲罷不能，搞不好休息一次再來個第二回合。若是那種你儂我儂、細水長流的溫存，光是前戲的部分哏便鋪好鋪滿，該摸的、該親的、該吃的無處不放過，細細品嘗之下，整體超過半小時大有可為。

無論屬於哪一種，都是因人而異，有些女生熱情奔放，或男生懂得畫重點，沒幾分鐘她已經就位，水位高到能開一家春水堂，在在顯示準備抽插，伴侶採取快攻之姿，毫無問題。但有些女生天性慢熟，需要醞釀才能進入情況，好比先暖車再飆車追求速度感，因此針對前戲，當然希望男生多上心，整體時間自然延長。

不過，若是討論單純的性交，就有時間了。由於活塞運動愈久，會造成女性私密處愈發乾澀，一般而言，從老二進入陰道到結束抽插為止，以7～13分鐘為佳。話雖如此，還是要建議男性多觀察另一半的生理反應，仍舊以雙方獲得最大滿足感為主，並非時間短就是不及格，時間長就一定好棒棒。

若要以至少7分鐘為標杆，我也建議男性在活塞運動時，不要一味追求速度感。因為以高速搭配持續不間斷在陰道內抽插，很容易讓龜頭過於敏感，控制不住而射精，所以在速度上可用「快慢快慢」的頻率進行，此法不但有變化，也比較不會令人力不從心。另外，適時使用「性交中斷法」也可有效降低敏感度，但是與其把老二抽出來，然後深呼吸對著空氣倒數10秒，更聰明的方式是用「換體位」的方式巧妙帶過，正好也增添花樣，至於什麼體位？傳教士、狗趴式、女上男下、觀音坐蓮，或是要效法周星馳電影裡的「巴黎鐵塔翻過來倒過去」全部悉聽尊便，只能要能小老弟爭取些許冷卻的時間，那就是好體位。不過也別太過花俏，免得你準備好了，女伴卻乾了，反而得不償失。

做愛時間愈久，你在女伴內心的分數不一定愈高，「見好就收」四個字的奧義人人都懂，但不一定每個人都做得到。與其追求長度，不如製造品質，或是將前戲當作重點。別忘記，女人能擁有多重高潮，老二深入禁地前先口手併用，製造第一波，老二正式上場後再來第二波。抽插時間短而精彩，反而令女人難以忘懷而回味再三。

做愛次數有公式，按表操課才性福？

最近老公從網路上得知一個「做愛公式」，根據不同年齡的男性計算出次數，於是老公便希望我們能按表操課，深怕沒達標就是夫妻性生活不美滿。但我白天要上班，晚上還要配合他，實在是身心俱疲。請問，做愛次數真有那麼重要嗎？沒達到醫師所推算的數字又代表什麼意義呢？

■

苦主口中所謂的「做愛公式」，實際上指的是「射精次數」，由泌尿科醫師王起杰所提出；他認為男性精液含有礦物質，若做到定時清槍，會降低攝護腺結石和罹患攝護腺癌的風險。計算方法以當事者年齡的十位數乘以9，得到的數字裡，十位數代表的是「週」，個位數代表的是「次數」。舉例：年齡30～39歲的男性，就是3×9=27，也就是兩個禮拜要射精七次，等於「做一休一」的概念，年齡40～49歲的男性，則是4×9=36，三個禮拜要射精六次，每隔三、四天便要來一發，以此類推。看到這裡，以雙薪家庭來說，女人普遍白天要工作，晚上還要照顧小孩，若男人都不出手幫忙，又規定必須按照上述頻率「陪睡」加班，很可能造成家庭失和。

後來網路很多媒體便將這個「射精公式」講成「做愛公式」，苦主老公才會誤解。是說，男人要射精，不一定非得要性器抽插達成，所謂雙手萬能（否則鄉民就不會說：左手只是輔助，因為右手要握滑鼠），藉由套弄，夯槍一樣能射得火樹銀花。對於醫師提出的數據，參考參考就好，畢竟每個人的生活形態、體質、狀況不同，已達標不需過於自滿，未達標不需過度緊張。

幾年前，台灣男性醫學會在公布的調查中發現，台灣夫妻的做愛次數每個月只有四次，只比日本的三次高，甚至還輸大陸的五次。性專家更公佈：「一年內，夫妻開工不到十次」，則符合無性婚姻的定義，完全顛覆世俗以為「歸零」才叫「無性」的認知，引起已婚人士一陣嘩然。結婚年份愈長的，愈感覺不以為然。坦白講，調查結果沒交代參與統計的夫妻們結婚年份為何？有沒有生養孩子？是否跟公婆同住？以我做性諮詢的經驗來看，婚齡長、有小孩、跟公婆同住，都會提高開機的難度。無論在談戀愛時，男女在床上多熱情四射，隨著交往的時間拉長，性愛次數會隨之遞減，未必走進婚姻才發生，同居情侶也難逃魔咒。

新聞媒體總擅長用「次數」來定義性愛的幸福度，認為多做就是多愛，少做就會出亂子。常做愛並非不好，只要雙方都能勝任愉快，大家何樂而不為？只不過現代夫妻生活繁忙、工作壓力大，夾雜在生活和生計之間，已是蠟燭兩頭燒，若「上班」跟「上床」都要做好做滿，「打卡」跟「打炮」就要兼顧，而且每次對象還都是同一個，難免令人「性」致缺缺。當然，確實有couple能給你七天做七次，七七連續四十九次，但那也可能是戀愛ing，或者戀情才剛開始，再者是偷情慾火焚身，否則頻頻開機幾乎某摳零（搖手指）。

所以，以穩定交往同居的情侶或結婚數十年的老夫老妻來說，做愛次數「做一休一」可能不適用，「週休二日」也可能稍微勉強。有孩子的人妻關起門來紛紛表白：「一個月有兩次就該偷笑了！」一個禮拜要做滿五天，剛偷情交往的狗男女、小倆口還有可能，否則「本是同一根（怎麼做都是那一根），相『姦』何太急」，究竟是要逼死誰！

「婚前是動物，婚後是植物，生了小孩變礦物」

這句話是PTT上的經典名言，描述夫妻間性生活從充滿激情到清心寡欲，最後入定出家的過程。狀況雖然因人而異，不過次數下降似乎難以避免。我認為，與其追求性愛次數，倒不如追求性愛品質，重質不重量，並且兩個人都獲得滿足，才是一段關係裡最美好的平衡。試想，如果開工十次，結果每次都乘興而去，敗興而歸，做完老是覺得下體不滿足，心靈也覺得空虛，跟開工三次，結果彼此每次都搔到癢處，畫到重點，而且畫好畫滿，自然是後者更為性福。因此請大家別拘泥於次數，只要雙方都真心滿足於開機頻率，那就是最好的平衡。

性事卡卡，床上總是卡到陰

欣西亞妳好：我和我女友交往一年多，當我在床上要進入她體內時，她就說會痛，然後希望我馬上停止，以致於到目前還沒成功跑完全程。現在的她都說沒感覺不想做愛，性對她來說沒特別吸引力，兩人見面就是聊天完各自睡覺。請問，這樣該怎麼辦才好呢？■

不少女生都曾經有過性交疼痛，通常發生的情況是親吻、擁抱、愛撫都沒問題，直到男生想要督進去的時候，女生便覺得下體一股撕裂感。隨著老二的挺進，痠疼的撕裂感愈加明顯，雙腿間原本幽閉的通道像開山闢路，一寸寸被打開。雖然沒到開墾拓荒、胼手胝足，但其辛苦的程度還是讓女生不禁汗涔涔或淚濟濟。此時，有些人選擇咬牙撐下去，期盼下體盡快習慣男生的龐然大物後，緊接著有歡欣的愉悅，有些人則情不自禁將整個身體往後縮，形成敵進我退的局面，直到頭碰到床板退無可退，疼痛感也忍無可忍，才大聲喊出說：「很痛！住手！」然後將男人鞭數十，驅之別院。

另一半發生性交疼痛的時候，男人實在難當，畢竟「屌」在弦上不得不發，都已經在半路上了，目標絕對是火車過山洞，但也沒法無視於女生的不適，以致於老二進退兩難卡到陰。

什麼樣的情況容易導致性交疼痛呢？

一是潤滑不夠。女生水位太低，老二要進入時，肉肉互相摩擦便會造成阻力，形成不愉悅的感受。換言之，如果今天她水位高自帶潤滑，老二整支咕溜咕溜，阻力小，撕裂感自然 bye-bye。二是肌肉緊繃。很多人對於做愛是又期待又怕受傷害，但對於天生怕痛又容易緊張的人來說，怕受傷害大過內心期待，在無法放鬆的情況下，肌肉就會過度緊繃，輕則不易進入，重則陰道痙攣，無論程度輕重，都會導致疼痛。

上述一和二，都是互相影響，交叉伴隨發生，而且通常是心理影響生理，意即生理健康無虞，但可能對之前的性經驗有不好的印象，或是家庭教育、宗教信仰關係，讓女生反射性地排斥性愛。此時，如果男生只顧自己爽強行硬上，只會造成對方內心更大更深的陰影，性交疼痛就會鬼打牆般不停發生。所以，但男人碰到會性交疼痛的女人，一定要發揮貼心與耐心，慢慢來，勿操之過急，才可能突破卡到陰的窘境。

遇上性交疼痛該怎麼辦呢？

首先，工欲善其事，必先利其器。潤滑液一定要準備充足，寧可備而不用，也別用而不備。現在市面上潤滑液選擇多元，如果不曉得從何選擇，選購水性潤滑液最安全。接著，請男人拉長前戲的時間和增加前戲的招數，除了接吻、擁抱，還可以挑逗其他地方，耳垂、頸項、背部通通不要放過。或是反其道而行，先幫她按摩，從背面下手，會讓女生比較有安全感，也更容易進入狀況。

當對方水分足、溼度夠、心理生理皆準備就位時，正式性交前，「先得寸，再進尺」是不二法則。建議男人先用手指，或尺寸比老二輕薄短小的情趣用品探入，讓女生習慣下體有異物進入，再緩慢前後抽插，必要時潤滑液盡量豪邁使用，當她覺得不舒服就立刻停止。以對方的舒適度為主，等細的挑戰成功後，就能換粗的上場，不過就算要以老二上場，還是不能立刻全速前進，而是要配合女生的感受放慢腳步。千萬別肖想要一個晚上走完全部流程或一次到位，多回合的練習跟磨合，最後才有可能「屌」到成功。

網路鄉民喜歡把性愛的感受形容為「痛爽」，性交疼痛也被包括在其中，然而，究竟是否真的又痛又爽則見仁見智。疼痛的程度也不盡相同，因此發生的時候，男人切莫一味要求女生忍耐，半哄半騙告訴人家：「忍一忍，等下就爽了……」不但顯露自己功夫不到家，也是既無知又不尊重人的做法，女生也別忍耐過度，免得造成對性愛排斥或性冷感。最後，上述提供的方式確實可以一試，但若無法解決，還是要尋求專業醫師或性治療師協助，才不會弄巧成拙。

做愛不快閃，老二持久、不射的日常練習法

我是個情竇初開的大一男生，在做愛的時候都覺得自己射太快，希望可以再持久一點。請問欣西亞，妳有沒有能讓金槍不倒的方法？

■

一般人普遍以為男性「持久」跟「年齡」有關，覺得愈年輕愈持久，老了才不會有凍頭，但其實不然，因為它還牽扯到許多因素，好比：心理壓力、龜頭太過敏感、技巧還未純熟等。以欣西亞做性諮詢所接觸的個案裡，就有男生因為交往對象的性經驗比他豐富，害怕被比較，也擔心無法滿足對方，一不小心就擦槍走火。或是，青少年情竇初開，好不

容易盼望到跟自己喜歡的女生滾床單，卻因為太過興奮，槍支上膛就提前繳械的例子。

的確，女生高潮需要比男生更長的時間醞釀，如果希望另一半跟你一起小宇宙爆炸，除了在前戲給予她足夠的挑逗之外，也確實挑戰老二的肌耐力。因此，今天欣西亞就要來介紹四招不需要吃藥或動刀，就能讓男人在床上延長時間的持久法。

一 會陰按壓法，有效指數★★★★★

這招在西方國家根本是人人都會按，不但享譽全美，還紅遍整個歐洲，讓各位男性再也不會「洋腸」而去！會陰在睪丸後、肛門前平坦地帶，英文口語稱之為 taint area，當你覺得快要噴發之前，用中指及食指按壓會陰，可以有效抑制射精。不但做起來輕鬆、容易上手，還能做到能神不知鬼不覺，光明正大按，女伴也不會發現。

二 龜頭擠壓法，有效指數★★★★

有道是：射人先射馬，擒賊先擒王。感覺即將射出來前，馬上用拇指和食指大力擠壓龜頭連接老二、號稱「龜頭繫帶」的部分，可以有效抑制儲精囊收縮。如果女生位在男生的上面，女生也可以出手幫忙，用雙手的食指，中指和拇指按壓，直到男生射精的感覺消失。

三 屌打拍打法，有效指數★★★

把硬起來的老二放在手掌心拍打，不但能降低刺激和敏感度，也能分散老二注意力。力道適中即可，因為太大力會造成老二龜縮的反效果，而太小力則無法讓老二分心，要拍打多大力請自行調整，因人而異。如果覺得把老二放在手掌心拍打太過高調，其實可以把它當作鼓棒或木魚，接著在女伴胯下擯擯欸，當作一種性愛前戲。你可以幻想自己正在參加朱宗慶打擊樂團，敲敲打打，創造獨特音浪（搭配黃立行的音浪、太強、不晃，會被撞到地上……）。

四 變換體位法，有效指數★★

換體位，在性學裡又稱為性交中斷法。當男人在做愛衝刺時，抽插會給予龜頭刺激，帶來快感。此時，如果一直埋頭苦幹，龜頭持續受到刺激，結果當然就是射得不要不要的。如果不想那麼快發射，可以暫停衝刺，將老二從陰道裡拔出來，然後休息一下。不過此時如果沒事做，或用嘴巴直接大喊十、九、八……倒數計時，會讓場面非常尷尬，女生明明已經溼到不要不要的，突然聽見男人在倒數，應該會「性」致全消，立刻風乾成乾燥花。所以，採取變換體位的方式讓老二停止動作，在為女伴喬姿勢的片刻，趁機找空檔喘息，做起來最自然也掩人耳目，也會有空檔讓老二休息一下。

以上四個方法，冰雪聰明的男人一定要懂得 mix and match 混搭使用，也就是變換體位之餘，還可以搭配方法一、二或三，順便拍打或按壓其他部位，效果絕對相得益彰。

最後，金槍不倒其實是種勃起異常的現象。老二持續充血，血液會導致內部逐漸壞死，出現酸中毒，並使海綿體平滑肌纖維化、失去功能，造成永久性陽萎。所以請各位男士若發現老二有金槍不倒的情況，請立即就醫。另外，男生太過持久，對女生來講其實是種負擔，因為女生下半身自然產生的潤滑會因為抽插時間過久而慢慢減少，快感便自然降低，最後就會被摩擦生熱的不舒服感所取代。因此，請男人不要一味追求凍欸固，該射就射，免得跟你做個愛還讓女生擼破皮，就適得其反，弄巧成拙了。

提槍上陣前，讓老二在視覺上迅速變大的方法

親愛的欣西亞，有沒有什麼方法可以讓老二變長、變大？我好想體驗當大鵰的感覺哦！

■

很多男讀者常來信問欣西亞：究竟要如何讓老二長大，最好達到鄉民口中的30公分，實在讓我啼笑皆非。如果各位仔細研讀此書，就知道我強調多次：魔法棒的長度不是重點，如何施展法術才是關鍵。老二也是一樣，尺寸的粗度和長度跟帶給女生的性福指數絕對不成正比，而是能使出的花招跟前戲，才是讓伴侶高潮不斷的制勝關鍵。不過，就算我

說破嘴，還是會有人堅決要我提供讓老二「轉大人」的祕方，看是吃的、用的、擦的、塗的，他都願意照單全收，不過上述方式勞民傷財外，恐怕只是有做有保佑，求心安，若想實際看出效果，施行手術恐怕才有得解。

雖無法在這裡幫助各位的屌兒二次發育，但欣西亞倒有幾個讓男人在脫褲子提槍上陣前，老二在視覺上迅速變大的方法，讓你不輸人也不輸陣。

一 修陰毛

就算是大鵰，身陷荒煙蔓草中也會隱沒成小麻雀。修陰毛絕對能立刻讓男人貌不驚人的老二立刻撥雲見日，頭好壯壯，英姿煥發！相信大家都去過墓仔埔對吧？如果某座墳周圍的雜草長得都比人還高，雜亂到幾乎看不到墓碑，表示根本沒人去祭拜或掃墓。同理，如果沒修陰毛，他的胯下就是亂葬崗，老二就是沒人要插香的孤墳，就算有 Taipei 101 的 size，被雜草叢生包圍，視覺上看起來就是很不壯觀、很淒涼。平時就該把修陰毛當作例行保養，此舉不僅給予老二出頭天的機會，胯下也不容易產生難聞的異味。如果男人很希望另一半張口為你吞吞吐吐，來個「吃吃的愛」，那麼一定要定期修毛，打造乾淨整潔的下半身。

二 減肥，少抽菸

過胖的男士可要注意了！雖然頂著圓潤的肚子看起來非常好命、福態，但鮪魚肚一下垂，首當其衝就是把老二的根部變不見，然後整支看起來就跟鑫鑫腸沒兩樣，所以視覺上老二要變大，脂肪千萬不能堆積。有健身習慣的男人，體態看上去不但更為挺拔，整個人也更散發自信，常做有氧運動，訓練肌耐心，啪啪啪時不會因為體力不足而氣喘噓噓，有助於做愛表現。

另外，長期抽菸也會影響勃起的硬度。醫學上也有「若男人一直吸菸，老二會縮短一公分」的說法，還有之前鬧得沸沸揚揚的塑化劑，千萬不要貪圖方便就直接拿塑膠袋裝熱食，變成小GG就後悔莫及啦！總之，減肥和戒菸都有助於身體健康，如果能做到，正好大鵬和養生兼顧，可謂一石二鳥。

三　溫毛巾或熱水澡

很多男人在脫下褲子後，老二難免因為接觸到冷空氣而龜縮，尤其在寒流來的時候，倒縮的情況更加明顯。因此，可以運用「熱脹冷縮」的原理，在滾床單前先和另一半洗個鴛鴦浴，然後將熱水調成能接受的溫度，直接對著老二沖，或是偷偷進廁所用溫水將毛巾打溼，直接將老二包裹住。以上兩個動作好比暖身，一旦促進血液循環，小雞雞自然膨脹變大成綠巨人浩克。

四　拉長和搖晃

這個方法最為有效而且迅速，如果沒時間沖熱水澡或裹溫毛巾，直接用手輕輕地搖晃，或是用手拉長老二，然後停頓個一兩秒，接著放鬆，重複這個動作幾次，也能讓它立刻用頭好壯壯的姿態醒來。上述動作的原理是直接給予老二適度刺激，就像勃起的前奏，視覺上會很有效果。上床前，男人可以背著對方，藉由轉身脫褲子的幾秒鐘趕緊搖晃或摩擦小老弟，讓下半身甦醒得更快！

說了這麼多，欣西亞還是要重申：雖然老二長是每個男人追求的目標，但陰道頂多七八公分，老二過長，對女生來說反而是很大的負擔，一直被頂到底也會造成不適感。希望大家都把老二當成魔法棒一樣，懂得運用，注重前戲，會使花招，絕對比一根長卻「浩呆」的竹竿還要強！

選對性愛體位，讓男人硬到不要不要的

Dear Cynthia：我自認身材不完美，所以平常都會靠穿衣服藏拙，效果不錯。很多人常誤以為我身材很好，但是最近交男朋友了，一定會碰上要脫光衣服的時刻，我深怕小腹或貧乳原形畢露，妳有什麼好建議嗎？

■

古羅馬著名詩人奧維德，在《愛經》裡就提到：「女性應該根據自己的身材特點，選擇性交姿勢，以展現迷人的一面。」此文讓欣西亞頗為贊同，倒不是完全為了男人眼前的無限春光著想，而是鼓勵女性也應該在床上擁有主控權，不要每次「變換隊形」時都由男人主導，偶爾採取主動，也會有意想不到的催情效果。更何況，很少男人會在床上抱怨女人的身材如何，畢竟有人陪玩已經該要珍惜了，還嫌！

能夠在床上善用體位，掩蔽身材拙劣之處，其實是女人增加自我好感度的方式，一旦擁有安全感，覺得是性感女神，在床上就會放得開，對性愛的整體體驗就會加分。因此，我針對女孩們在意的身材，提出以下合適的體位，讓各位就算在平日大吃，也會在床上自信滿滿。

首先，如果妳自認罩杯不夠豐滿，胸部是小籠包的女孩，最好不要採用平躺在床上的體位，好比：傳教士。因為一平躺，胸部就會立刻山崩，看上去份量立刻減半。如果追求視覺效果，請善加利用「女上男下」，俗稱觀音坐蓮的體位，因為當妳跨坐在男人身上劇烈搖晃的時候，胸部也會隨之舞動彈跳，畫面想必誘人。如果仍舊顧慮自己的尺寸，深怕釘子奶桃花舞春風跳不起來，可以在騎乘他的時候將雙手放在他耳邊，讓身體往前傾，此時妳的雙峰會因為地心引力向下而呈現美好的水滴型，那幅畫面說有多性感就有多性感。或者，用雙手捧奶，或者擠奶也可以，當作是送給他的自摸秀，這招也能讓男人硬到不要不要的。

至於身材較為豐滿，身為小「腹」人的一員，傳教士體位最為適合，因為一躺下去什麼都攤了，連腹部的贅肉都會往旁邊移而變得平坦。或是採取側躺式，直接讓男人忽略妳在意的腹部，他還可以把手繞過來握住妳的雙峰，成為讓男人一手無法掌握的女人。

本身屬於葫蘆腰的女人，則可以採用女上男下，但是臉部跟男人看同一方向的姿勢，如此一來他不但欣賞得到妳S形的曲線，還能動手hold住妳的纖腰幫助搖擺。對腰圍不滿意的女人也可以使用這個體位，因為當妳在他身上衝刺的時候，妳的臀部會往後頂，此時會給人螞蟻腰的錯覺，有興趣的人不妨一試。

小腿曲線養眼的美女們，則必須嘗試將腿跨靠在男人肩上的體位，這招不但有腿長無盡的氛圍，他還可以在妳的小腿肚上下其手、來回撫摸，甚至落下一個個細細的吻。同樣的，倘若妳在意有蘿蔔腿，小腿肚過於粗壯，腳跟腳指頭繭皮過厚，就最好避免這個姿勢，免得男人太high用嘴巴直接含住，女生難免心慌意亂而無法投入其中。

體位這檔事，不應該只讓男人操控，任由他出手把女人「賓來賓企」、折來折去，女人可以依照本身的需求，或認為能展現自己最美的體態，自動在床上擺出撩人的姿勢。重點是自己舒服、自在，能夠敞開心房享受其中，自然能不費吹灰之力展現床上魅力。希望大家對自己褪去衣衫的風貌都抱持自信，因為信心，才是製造性感的不二法門哦！

女上男下，怎麼搖，膝蓋才不痠？

我跟男友都特別喜歡「女上男下」的這個體位，但每次我在上面搖完，膝蓋都覺得痠痛到快要炸裂。跟男友抱怨，他只安慰我説「多吃維骨力」，我遵照吃了，情況依舊沒有改善，讓我很擔心年輕就要換人工膝蓋……

「女上男下」這個性愛體位，確實受到很多男女歡迎，因為女生可以掌握抽插速度跟頻率，要快就快，要慢就慢，連深度都可以自行拿捏，高潮能輕易掌握。重點是胸部不會因為躺下而崩塌，視覺效果驚人，男生能飽覽眼前風光，光是看見女生上下抖動的雙峰，以及享受其中的表情，都足以讓他被撩得不要不要的。

不過，有很多女生在賣力演出

後，要嘛雙腿呈現軟爛的狀態，要嘛膝蓋爆炸疫。會有上述的困擾，多半是因為「姿勢不正確」所導致，以下趕緊跟著欣西亞step by step按步驟認真學習，絕對比吞維骨力有效哦！

步驟1．採取正確的角度

多數女生在就定位的時候，第一直覺是直接跨坐在男人身上，然後妳和男人的上半身便會呈現直角90度，這樣一來，不但表現不好、難施展，也讓膝蓋承受不必要的壓力。正確的黃金角度是女生向前傾，拉近彼此的距離，讓雙方上身的角度介於45度，使得騎乘更舒適輕鬆。

步驟2．將妳的雙手輕輕放在他耳朵兩側或雙肩上方

如果步驟1讓妳看得似懂非懂，沒關係，這個步驟是「坐而言不如起而行」，有

沒有秒懂不要緊，做對最重要。總之，當妳將雙手輕放在男人的耳朵兩側或雙肩上方，妳的臀部會很自然向後延伸，整個重心便落在他的屌上面。這個「起手式」就好比在騎古早時期的「野狼125」摩托車，身體向前傾，重心就會往後，正確的姿勢是成功的一半。

步驟3．拿枕頭墊在男人臀部下增加活動高度

這招其實可有可無，但如果妳的膝蓋猶如風中殘燭特別脆弱，或妳特別重視膝蓋的保健，那這一步切勿省略。大家應該都有騎過Ubike吧？在正式騎腳踏車上路之前，第一件事絕對是調整坐墊高度。在踩踏板的時候，膝蓋不宜過度彎曲，彎曲的角度如果過小，容易造成疲勞跟磨損。同理可證，在妳正式把男友當成Ubike騎乘之前，可以先拿枕頭墊在他臀部下增加高度，減少膝蓋的負擔，讓妳上路後更得心應手。

步驟 4．只讓臀部保持上下彈跳或前後搖動

這一步是讓膝蓋不痠炸的重要關鍵。這裡常見的NG點是：

NG①：女生全身都在搖晃

切記！騎乘的時候只需讓臀部動作即可，如果妳全身都在搖晃，下面的男人也會跟著妳被搖來搖去，他只會覺得頭很暈，然後內心大叫WTF？老二還很可能因此軟掉，或硬生生被妳從穴穴中搖出來，甚至雙雙滾下床，名符其實變成黃立行口中唱的：「音浪、太強、搖晃，會被撞到地上！」（對！「不晃」變「搖晃」）

NG②：採取M字腿蹲坐

注意！妳不是在蹲廁所，他也不是馬桶，以M字腿蹲在男人身上只會造就一連串的錯誤，因為這樣一來女生只能以起立、蹲下的方式上下活塞，完全脫離「前後」抽插的軌道，一來造成膝蓋痠到爆炸，整組壞了了，也容易角度不對，以及力道過強讓老二應聲斷掉。正確的姿勢是讓小腿自然貼合床墊，以彈跳、前後、旋轉的研磨之姿，

榨乾妳的男人，才是王道。

以上四個步驟，讓妳輕鬆駕馭女上男下體位，而且還保護膝蓋，降低膝蓋磨損。角度和姿勢正確，掌握臀部靈活度後，就可以加進別的花招了。例如試著將雙手高舉過頭，就像是在坐雲霄飛車那樣（喂！）。我的意思是邊讓臀部凍次凍，邊捧住胸部搔首弄姿，更春光無限，或試圖用男人的手抓住妳的臀部，讓他參與這一切高潮迭起。最後，性愛的法則不外乎「快快樂樂出門，平平安安回家」，發揮心思降低職業災害，性福才會長長久久哦！

讓女人高潮①
與其衝洞，不如 hold 住她的小豆豆（陰蒂篇）

欣西亞妳好：我就廢話少說了，請問到底要怎樣，妳們女人才會高潮？

■

那我也就廢話少說了，直接告訴所有男人們究竟要怎樣才能讓女人獲得高潮。

首先，與其衝洞，不如搞定她的小豆豆。根據美國《性與婚姻治療雜誌》（Journal of Sex and Marital Therapy）針對年齡在18歲～94歲的一千零五十五位女性作調查指出，只有18.4%在男人衝洞時得到高潮，有36.6%需要刺激陰蒂才能達到高潮，而有另外36%則指出在性交時，搭配刺激陰蒂能幫助她們獲得高潮。換言之，當男人在我們胯下埋頭苦幹時，有高達82%的女人很可能都在放空或滑手機，只懂得讓老二在女人兩腿間行進般前進後退，多半沒有高潮。掌握陰蒂，俗稱小豆豆，才是讓女人獲得小宇宙爆炸的最有效方式。

至於如何讓女人獲得高潮，提供以下三種方式，供「衝洞男」參考。

一　口愛法

在前面第59頁的章節已經講解過為女人口愛的小撇步和方法，因此這裡不再贅述，想複習的人可以自行前往閱讀。

在這裡，欣西亞要和大家分享我跟Shane在床上的前戲，就是要他把舌頭當作毛筆字，在我的雙腿間進行「猜謎遊戲」，他必須拼出英文，然後讓我猜猜看是哪個單字。結果Shane以鬼畫符的方式完成L-O-V-E-R（愛人），結果我卻猜成L-O-S-E-R

（輸家），本來快要森七七，在他趕緊將答案揭曉後，老娘才發出會心的微笑，然後請他……罰寫十遍！

口愛法對挑逗女人陰蒂非常有效，建議各位男性在操作時，一定要「眼觀鼻，鼻觀心，心觀舌頭」，而且不要只動用舌頭，偶爾用鼻尖頂、磨、揉女生的小豆豆，搭配畫圈、點擊，都會讓她的身體震盪起一波又一波的高潮漣漪。

二 按摩法

也就是用手，幫她用自慰的方式按摩小豆豆。很多男人幫女人手交，最喜歡玩戳戳樂，就是戳、掏、摳，有的甚至還用彈的。有時，我們真的會忍不住從你們頭上「巴蕊」。請坐在女生身後，想像你在抱樂器琵琶，從後往前環抱對方，或是採取女上男下體位，但是讓女生屁股對著你，兩人視線朝同一方向，這樣一來，男生可以邊抽插邊空出手刺激陰蒂。

接著使用潤滑液，或她本身的出汁，然後輕輕滑過陰蒂，手法就像滑滑鼠般，用你中指的指腹從下往上滑動，速度可以從女生呼吸的頻率、喘息的聲音斟酌要快還是慢。最後一個方式是：用食指及中指夾住陰蒂，接著以旋轉的方式施力按摩，可以是順時鐘，也可以是逆時鐘。操作的時候可以謹記白居易琵琶行的七字箴言：輕攏慢撚抹復挑。當你能夠達到「嘈嘈切切錯雜彈」的境界，那麼你的女伴也絕對會「大珠小珠落玉盤」。

二 傳教士體位

別以為衝洞便無法 touch 到女人的陰蒂，只要稍做變化，一樣能成功 hold 住她的小豆豆。在採取傳教士體位性交的時候，建議男生將上半身稍微向前傾，並且小腹向下壓，如此一來，在衝刺的時候，你老二的最前端也能摩擦到陰蒂。老二不但能將她的裡面塞好、塞滿，在衝刺時也能照顧到外面的小豆豆，可謂雙管齊下，內外兼顧，女伴自然也會霹靂星球大爆炸！

很多男人以為要讓女人高潮迭起，一定是要長、要粗、要持久，其實不然。《哈利波特》裡的巫師魔杖讓人愛不釋手的原因，絕對不是因為那根爛樹枝，而是他知道如何運用及施展魔法。所以男人千萬不要一味追求尺寸或凍欸固，懂得施展技巧才能妙筆生花。另外，以上三種方式雖然重要，但你的老二畢竟不是螢光筆，掏出來就直接朝女人的胯下畫重點這動作，千萬毋湯！愛愛前還是要有足夠的前戲，暖車之後才好飆速嘛！還有，如果你真的很沒慧根不曉得怎麼手上，女人是聽覺的生物，用感嘆seafood讚嘆seafood的言語讚美她、稱讚她、膜拜她，一樣會是一個好的開始哦！

讓女人高潮②
姿勢對了，性福就有了（體位篇）

欣西亞妳好：有沒有哪些體位容易帶給女人高潮？妳有什麼好答案嗎？

■

前一篇和大家分享過帶給女人高潮的重點是：與其衝洞，不如搞定她的小豆豆。不過很多男人還是希望能在性交的時候讓另一半欲仙欲死，甚至和另一半共赴高潮，畢竟獨樂樂不如眾樂樂，如果能在衝洞的時候兩人都爽歪歪，一起射得乒乓叫，一定更加完美。那麼今天欣西亞就要介紹三個容易帶給女人高潮的體位，男生做愛時射精不再一人單飛，而是快樂的雙人成行。

體位一：狗趴式

狗趴式英文又叫做 doggy style。狗趴式被公認最容易讓女人得到高潮的體位，因為從後上插入的深度更深，角度也更容易頂到G點，衝刺中女生感受得到男人衝撞自己臀部，以及寶貝球撞擊胯下的快感，是一套非常銷魂的套餐。一般來說，女生趴下時多以手掌壓床，在讚這裡欣西亞建議，如果想要製造更多的刺激，可以手肘壓床，或是直接用胸口趴在床上，讓老二以不同的角度插得更深。當男人在抽插時，女生的臀部要嘛隨之震盪，要嘛稍微向後稍微抵住，並同時加碼使用情趣用品，或者請男人伸手向前挑逗陰蒂，都可以令高潮加倍。

狗趴式、女上男下性愛體位參考

體位二：女上男下

女上男下英文叫做 cowgirl style。女上男下受到許多女性歡迎，因為這個體位能夠讓女生自由控制插入的深入、角度，以及抽插的頻率。對男人來說不會太過刺激而且更為持久，有更足夠的時間慢慢和另一半攀向巔峰，有效縮短男女間高潮時差。

不過這裡我會建議大家不要用面對面的方式，而是女生屁股面對男生，兩個人的視線都看向同一邊的 reverse cowgirl style。如果妳是新手，還無法掌握搖晃訣竅，那就請男生不要平躺，稍微用手肘撐起上半身，或是完全坐起來，如此一來，女生比較有安全感，也能靠著對方的腹肌輕鬆施力。在搖晃的時候，記得採取像是騎馬般前後搖晃的姿勢，而非上下彈跳，屁股可以稍微往後頂，讓他的老二摸到妳的G點。深怕被邊緣化的男生，當然是空出手向前挑逗陰蒂，或是兩隻手扶在她的臀部兩側，向下施壓或前後搖晃，試圖控制女生操你的速度和深度，讓整場性愛更有參與感。

體位三：拱橋式

拱橋式英文叫做bridge style。這個體位可以先從傳教士體位開始，男生雙膝跪在床上，雙腿微開，女生平躺在床上將屁股抬起、向上頂（或男人扶住她的臀部向上），再以手肘撐住上半身重量，接著老二昂然挺入。這個姿勢能帶給女生插好、插滿的感受，陰蒂能貼合男人的三角地帶，摩擦產生快感，也因為地心引力的影響，女生的下半身能稍稍往下，此時勃起的老二嘟嘟好頂到她的G點，兩人也可以隨時調整角度，男生跪姿的姿勢高低，或女生臀部抬高是30度或45度角，精彩度也不盡相同。

拱橋式的終極版本則是，男人讓女生的雙腳架在自己左右肩膀上，抽插深入直指核心。此時已經不是「摩擦生熱」四個字能形容，而是「摩擦升天」，靈魂出竅！

看完以上三個性愛體位，如果男人不想在埋頭苦幹時做白工，就必須掌握一個方向：在抽插時用你的螢光筆畫到女人的G點。螢光筆的粗細不重要，只要畫到重點就得分！要精準觸發女人高潮，秉持「淫海無涯，為勤是岸」的精神是不二法門。眼觀四方，耳聽八方，多問、多看、多聽、多學，問女伴怎麼做會讓她開心？觀察女伴生理反應、面部表情以及測溼度，聽她的命令或呻吟聲，從中判斷對方的愉悅指數，懂得營造前戲的氣氛和變換花招，相信你就會是個讓女人回味無窮的浪漫情人。

拱橋式體位參考

性愛增溫術

親愛的欣西亞，我跟男友同居後，覺得性愛這件事愈來愈枯燥乏味了，對彼此的身體熟門熟路不說，床上 SOP 也是十年如一日，本來一個禮拜可以做三次，現在變成三個禮拜做一次。請問，有什麼方法可以改變呢？

■

不少老夫老妻的讀者常跟我抱怨：「婚後的性生活，就像發放三節禮金一樣！」而且性別不分男女，若是真的要用次數計較，總是會得到更厭世的結論，好比：「有三節可拿就該偷笑了，我們現在只發放年終獎金。」又或是：「三節和年終是什麼？我和另一半打從孩子出生後就再也沒開機了……」現在連還未走進婚姻，光是同居的男女也有這樣的困擾。只不過看見苦主所提供的數字，內心不禁一陣莞爾，因為我彷彿聽見很多對夫妻發出哀嚎：「什麼！我們只領年終的都沒在靠夭了，三個禮拜做一次已經很棒了好嗎？」只能說，人生就是……一山還有一山低。

雖然欣西亞已多次強調性愛是重質不重量，但還是有很多人希望能質量均衡，畢竟很多時候，肚子都吃不飽，人都快餓死了，有的吃就不錯了，哪裡還顧得了品質？但性愛是兩個人的事，總是爽到自己，甘苦到別人，長期累積的結果就是另一半性致缺缺，或是忍無可忍，無需再忍，說什麼都不願再開工了。人生很多事是「先求有，再求好」，先將就，再講求進步，唯獨老夫老妻和穩定交往的同居男女，他們之間的性愛最好是「先求好，再求有」，因為早已食之無味了，所以一定要有新花招，加重口味。東西變得鹹溼勁辣，吃的人自然上癮，然後，不怕他不吃，就怕他吃不完。

要如何在平凡無奇的性愛生活裡滾出新高潮，射出新高度呢？欣西亞今天要提供幾個增溫的小花招，讓各位愛火四射、激情噴發。

一 角色扮演

角色扮演要成功，投入非常重要，對於缺乏「戲」胞的情侶來說，事先溝通有其必要。如果欠缺行前說明，突然在床上蹦出奇怪的台詞，另一半不但不曉得該如何接招，恐怕還以為你是不是喝多了，還是鬼上身？因此可以先為彼此設定適合的角色，看是要員外調戲丫鬟的穿越劇、上司騷擾下屬的總裁系列……都在選項之內。決定好以後，可以針對戲碼準備道具服以便融入角色。

別以為穿道具服是女生的專利，男人也該趁機精心打扮，好比扮演警察或消防隊員，滿足許多女人對制服的遐想。另外，筆挺的西裝已足已讓女人慾火上升，具有權威專業的角色也容易讓另一半聽命於你，不妨一試！角色扮演不一定要在床上，也可以從見面的時候就開始鋪陳，有些情侶喜歡裝作互不認識，從餐廳或酒吧搭訕展開到約炮或偷情，精心上演整晚「溼背秀」。

二 捆綁、蒙眼之格雷的調教系列

限制行動、剝奪視覺或聽覺都能提升一個人對性愛的體驗。試想，如果失去行動，任由對方上下其手，是不是非常血脈賁張？至於失去了視覺和聽覺，也能讓我們的剩餘觸感變得異常敏銳，撫摸、吹氣或親吻的刺激加倍提升，彷彿渾身上下都成了性感的開關。尤其看見另一半任由人擺佈的模樣，也能讓自己頓時氣場大開，變得更敢嘗鮮、更敢玩，變身成為不同於以往的戀人。

即使是平日，也不妨特別一點，加入一些道具如：手銬、眼罩。當然，你也可以就地取材，只是千萬別忽略「工欲善其事，必先利其器」的威力，準備得愈有模有樣，得到的效果就愈加乘。由於電影《格雷的五十道陰影》帶起的火熱性愛，網路上也出現很多相關用品，像手銬加上滾了毛的內裡，使用上不會冷冰冰，眼罩也是全絲，觸感非常細膩，如果要流蘇皮鞭或手拍道具也都是真皮的，選擇多元，悉聽尊便。

三 改變前戲，加入道具

多數的性愛都是從正面的擁抱和親吻展開，建議大家改變一下策略，不妨從背面開始著手。其實「背部」隱藏著許多你意想不到的敏感帶，好比耳垂、脖子、肩膀、臀部……一路向下。無論是淺淺的吻或是充滿挑逗的撫摸，每個細微的動作都能引起大大的震盪。若要改變前戲玩法，可以先幫彼此按摩，用假正經包裝不安於室的一面，另一半明明沒想到要滾床單，卻會因為全身舒爽而忍不住鬆開了膝蓋，效果保證無心插柳柳成蔭。

讓情趣用品的加入你們，也是一個好法子。現在的小玩意設計精美，造型可愛，不會讓男人心生壓力，倍感威脅，有的還標榜男女共用。除了讓它先代打上陣暖場，給予女生通體酥麻感，還能同時和老二一同置入陰道，隨著抽插力道的不同回饋震動，敵強我更強，讓性愛的歡愉更上層樓。

說了這麼多，假使各位還無法在第一時間就上手，那麼，欣西亞再交給你們讓性愛增溫的六字心法，就是：「他不是我老公」或「她不是我老婆」。上述口訣當然不能在做愛現場高聲呼喊，而是在內心用力重複，當你能夠說服自己，相信，不！深信，堅信正在一起滾床單的不是你的另一半，體內的性感指數會立即噴發，性愛溫度也會迅速竄升到衝破溫度計，不相信？今晚馬上試試看！

女友乳頭長，怎麼辦？

女友什麼都好，就是乳頭很長，讓我做愛時會突然失去性致，請問我該跟她溝通？還是直接分手？

我也曾經在床上碰到乳頭很長的女生，看見的當下覺得很驚奇，但卻沒有影響該有的表現，因為我立刻出手把玩，發覺另有一番滋味。想跟你分享這個經驗，是鼓勵你：人體本來就千奇百怪，身為男人，如果看見不同以往的風景就失去性致，表示看得還不夠多。閱歷豐富，也就見怪不怪了！而且在面對奇山怪石，主動探索，反而成為另類情趣。

我常收到男人對於女友尷尬的缺點，不知該如何啟齒，問我怎麼辦？如果缺點是不容易改變的，像是乳頭長、乳暈大，我會鼓勵你學習跟它培養感情，畢竟你也不是完美的，人家一定也有嫌棄你的地方，只是她選擇用愛包容。

如果缺點是能改善的，好比：口臭、腿毛，那我會技巧性採取方法。假使是口臭，我會掏出口含錠或口香糖，一副自己要吃的模樣，然後問她要不要？如果被拒絕，那我就直接含住口含錠然後 kiss 她，讓它變成一個好玩的遊戲。倘若是腿毛，在滾床單時我會特地撫摸她光滑的部位，然後故作誇張的讚嘆：「嘩……好好摸，我就喜歡妳全身上下光滑的觸感」給予暗示。

不過，這些方式通常是對剛交往不久的新女友，如果兩人關係穩定，也有默契，提出溝通是最直接有效的方式，兩性關係裡，「說什麼從來不是核心，怎麼說才是重點」，以關心她、在意她感受的語氣和態度出發，就會是成功的一半了。

03

欣西亞怎麼辦？性疑慮及其解析

當男人拒絕把妳撲倒

我跟男友交往已經快半年，但兩人從來沒做愛過！明明牽手、親吻、愛撫樣樣都來，但到了「督進去」的緊要關頭前，他就會用各種理由臨陣脫逃。我不了解究竟是什麼原因讓男人不敢「一桿進洞」，拜託幫我解惑！

當我看到這則苦主發問時，彷彿李組長眉頭一皺，感覺事情並不單純。首先，我很了解當女生碰到上述情況時，第一個解讀可能是「他太害羞，以致於不曉得該如何是好」，或是「他很尊重我，所以才沒把我撲倒」；第二個則是反省自己「有沒有可能是我毫無魅力？」第三才會偷偷懷疑到對方身上「難道是他有問題？」那麼現在欣西亞就要發揮專業，幫各位推理下列可能導致男人拒絕把妳撲倒的背後原因。

首先，男生有沒有可能太過害羞，或尊重女生到不對她督進去？

我認為機率微乎其微，當然，這個前提是他已經對妳上下其手，該揉的該捏的該捧住的都沒放過，而妳也沒有閃躲，明白釋出「今晚，你可以吃了我」的訊息。畢竟，在速食愛情催化下，還在曖昧期就已經上床的男女比比皆是，倘若女人態度大方，只差沒有兩腿開開，男人的心態多是不吃白不吃，有機可趁就會緊緊把握。

不過，確實有些男人擔心自己會錯意，所以不敢採取行動，好比有女生約我的一位男性朋友去旅遊，訂旅館時直說不介意兩人一室，還是一大床的那種規格，最後孤男寡女共處一室還躺同一張床，漫漫長夜他就是不敢越界，深怕成了占對方便宜的小人。結果他被我念到臭頭，是說女生都已經表現得如此明顯，你竟然不解風情，枉費人家一番苦心。結論是男人或許會因為太害羞或過於尊重而不碰妳，但假若女生暗示明示頻頻，或雙方已經確認彼此是男女朋友的關係，啪啪啪這個福利正常人一定會兌現，而且還愈快愈好。

再來，會不會是女生毫無魅力？

這實在令我覺得心疼，明明問題可能出在男人，結果女人還要檢討自己，對自身產生懷疑，實在有夠淒慘。說穿了，男人大多有洞就想鑽，精蟲上腦就衝「洞」，跟魅力根本沒關係。不過一般來說，交往中的無性生活並非沒有親密關係，摟摟抱抱到摳摳摸摸都會，只是到了最後關頭就踩剎車，可能突然表示「他累了，改日再戰」，或是緊緊擁抱妳說：「時間晚了，先休息吧！」也聽聞過男生中途去廁所，結果回來後就直接睡給女生看……離奇地為整件事畫上休止符。如果妳碰到的是這樣，請提高警覺，一、兩次還有可能是他真累了，一再發生肯定有鬼。

以上情況，我推測男人並非「性」致缺缺，而是出自以下三種原因：一是他對下半身自信心不足，可能顧慮妳經驗值較多，閱「屌」無數，而且他 size 不夠驚人，誰規定醜媳婦一定要見公婆？小雞雞能躲就躲，所以乾脆一不做二不休來個深藏不露。

第二種則是他很可能擔心自己凍未固，無法跑完全程。可能之前發生過所以在內心留下陰影，雖硬得起來，但督進去後龜頭過於敏感，像甩炮一觸即發，暖車還沒結束，他已經先GG惹。為了避免讓自己陷入尷尬的場面，因此跟女生保持一大段安全距離，所謂：沒盲腸就沒有盲腸炎。那麼他就是：沒抽插就不會有期待，不期不待自然沒有傷害。

第三則是他可能腳踏兩條船，是出軌來著。人人心中都有一把道德的尺，秉持著只要沒督進去就不算偷吃，所以打死都不對妳一桿進洞。奉勸女生眼睛一定要夠雪亮，確保正在交往的對方是單身非已婚，不是什麼有婦之夫，才不致於傻傻成了小三。

其實，上述情況都不是世界末日，第一種靠溝通，走心便可以解決。第二種找醫師諮詢，或是欣西亞在書裡有提供練習方法，不妨陪伴男友一起練習，甩炮變身成跨年倒數、起承轉合的燦爛煙火，將指日可待。第三種只求女生察覺蛛絲馬跡時切勿自欺欺人，睜隻眼閉隻眼對自己絕對沒好處。結論是，碰上男人不願意把女人撲倒，與其埋藏心中獨自煩惱，倒不如直率說出和對方討論，才是排解問題的正確第一步。

老公老二軟Q，是因為我不再性感嗎？

我老公才 30 出頭，最近我卻發現他的老二不再像從前那麼堅挺，好幾次明明一開始有硬度，但到中場不是硬度不足，就是突然消風。老公對自己表現失準也頗為驚慌，後來就用拒絕跟我上床來逃避。請問欣西亞，我該怎麼辦？

■

看到這則苦主提問，欣西亞一定要開宗明義對大家說：小弟弟不夠堅挺，或老二突然消風，其實並非中年男子的專利，血氣方剛的年輕人有時也會碰上。就算遇上，那也不一定是因為雞雞出問題，或是它要提早退休的徵兆，很多情況都是心理影響生理，因此發生時，無論是男生女生先不用太過緊張。

泌尿科醫師將男人老二的

硬度分成四種級數，在此先提供給大家自我檢測：

第1級：蒟蒻

陰莖有明顯變大，但完全沒有硬度，就和蒟蒻一樣軟趴趴。個人覺得蒟蒻還不夠精準，這樣的老二在我眼裡根本是條海參，渾身胖呼呼的卻十分軟Q。模樣看上去頗為可愛，但女人用起來會覺得有些可恨！恨鐵不成鋼啊（吶喊）……

第2級：去皮香蕉

陰莖勉強有硬度，但還沒到可以放進去的程度，就跟去皮香蕉一樣。這裡曾經有人問欣西亞：「為何以去皮香蕉比喻？」我覺得大家可以想像：拿剝了皮的香蕉捅人的畫面，人還沒受傷，香蕉已經稀巴爛了，如果香蕉過熟，那場面更是慘不忍睹。

第3級：帶皮香蕉

陰莖硬度勉強可以抽插，但還沒完全堅挺，就像帶皮香蕉。

苦主提問中說到的：「以前他在我體內的時候，我都很有FU，但到最近卻愈來愈沒感覺……」便屬於這個等級，就是明明感受到有東西在陰道裡忙進忙出，但卻沒有塞好、塞滿之感。或是，進進出出之餘老二會突然插到歪掉、走位，然後中場滑出來。

第4級：黃瓜

陰莖硬度非常夠，可以讓伴侶超滿意，就如同黃瓜。

上述是醫生說的，我卻要特別補充：男人「硬度夠」和讓伴侶「超滿意」，其實是兩回事。就算硬成鋼鐵人，但在床上不懂前戲，不顧對方死活只懂得蘇貞昌上身追求「衝衝衝」（不好意思吼蘇先生），覺得女人超滿意也只是你的范特西。然後貼心提醒，醫師提出黃瓜是就硬度而言，並非尺寸。小黃瓜可能過細，大黃瓜恐怕過粗，至於什麼才是最合適自己，端看下半身需求。

如何判斷男人的欲振乏力屬於心因性？還是生理性？我覺得用打手槍可先簡單劃分。如果能夠在夯槍時 ininder（硬硬的）跑完全程，只有在和另一半做愛時變得「弱弱的」，多半是因為心理因素好比：緊張、壓力、性操作焦慮等。

女人普遍以為男人是性愛的動物，一受到刺激就會精蟲上腦、立即勃起，其實不然。鄉民常說「小頭控制大頭」，但大腦畢竟是人體控制性慾的主要器官，當它有所顧忌、心生疑慮，集中在老二的血液就會分散，導致充血不足，影響硬度。在跟我諮詢的案例裡，有人夫在炒飯中途突然受到新生兒哭叫聲的打擾，然後敗興而歸。有男生在和女生上床，突然擔憂表現被打分數，直接繳械投降，連白旗都沒舉。也有男人從沒戴過保險套做愛，結果一戴上老二好比孫悟空戴上緊箍咒，頓時連翻觔斗都忘了，立馬GG。而且只要發生過一次，在當事人心中留下陰影，操作焦慮就會像鬼打牆一再發生，比電影裡「自殺的人會不斷重複生前跳樓的輪迴」還可怕。

面對男人突然消風，女人第一時間切勿質問或責怪對方：「怎麼軟了？沒用的東西……」「你軟了老娘是要玩什麼？」（妳們應該不這麼狠吧！）不過，如果對方背著妳偷吃或劈腿，是可以拿起大聲公幫忙宣傳（大誤）。第二時間則千萬別往自己心裡去，並非妳不夠性感，也不是他不夠努力，這不是誰的錯，所以無需究責。至於該怎麼辦？給予時間和體諒，多半能獲得解決。

如果下一次沒更好，情況反覆不停發生，與其買成藥或補品亂吃，不如陪同就醫尋求專業協助。醫師會先進行診斷，釐清是否身體健康出問題，再建議是否用藥。如果健康無虞，或不想依賴藥物，則可進行性諮詢或心理治療。

人生不如意事，十之八九。男性床上表現失準，常有之事。一旦發生，男女雙方都應該以平常心看待，輕鬆看待，才不致於小事化大，若想儘早排除，尋求專業醫師的協助，才是正道。

打炮時下體放鞭炮宛如廟會，其實是「陰吹」

親愛的欣西亞，為什麼在做愛的時候，女生的下體會發出類似放屁的聲音？每次發生不但讓我超尷尬，也讓我在事後被男友嘲笑；我自己更擔心是不是陰道鬆弛才會如此。請問我真的是鬆了嗎？還是有什麼方式可以防止這種情況發生呢？

女人的陰道有許多夾層，而空氣就被隱藏在這些夾層之間。當女人情慾高漲的時候，陰道就會稍微擴張，如此一來便有更多的空間容納空氣，這個時候當男人的老二進入並迅速抽插的時候，陰道內的空氣就會被一口氣擠放出來，然後發出類似放屁的聲音。

這情況在英文叫做queef，中文則被稱為「陰吹」，或「陰道放風」。無論有沒有陰風陣陣，這風都不應該被異樣看待，因為這是很自然和不可控制的「風」。這個情況也像各位將嘴巴收緊，發出類似放屁的聲音，雖然有聽見屁聲，但不會被笑說：

「啊！你嘴巴放屁了！」

有無陰道鬆弛的可能？

陰道鬆弛大多發生在懷孕生產後的婦女（尤其是生三胎以上），或是BMI值達到35以上的肥胖者，或更年期後的婦女，如果自己符合上述條件之一，甚至伴隨陰道鬆弛常見的漏尿，在日常生活中爬樓梯、大笑、打噴嚏等，一旦腹部稍微用力就會有尿液滲出，才有需要考慮是否為陰道鬆弛導致陰部氣體排出。另外，陰道內若有細菌感染也會產生氣體，除了聽見聲響，還會有魚腥味飄出，外陰搔癢，以及黃色分泌物的症狀，那就一定要看醫師。

如何在做愛時防止下半身陰吹？

假使身體健康無虞，方法就很簡單：一是避免採取會讓腰高過頭，或下半身被抬向空中的體位，好比：狗趴式。這樣的體位確實比較容易發出類似廟會放鞭炮的鑼鼓喧天。不過，有些女生也覺得狗趴式比傳教士更容易獲得高潮，所以若要玩得開心卻熱鬧？還是要玩得不 high 卻寧靜？端看個人選擇，不過我是覺得如果要安靜，也別炒飯了，直接上圖書館比較快。

二則是請男生緩慢進行，一切動作都放得跟烏龜一樣慢，慢慢進入、慢慢抽插，就好像新手在駕訓班學倒車入庫那樣。只是這樣的快樂當然不及開快車或開賽車，啊捏做愛還有什麼意思？

三則是做愛時戴耳塞。我覺得這是最好的方法。大家可以效法掩耳盜鈴的精神。想盡興的做愛又怕吵，那乾脆戴耳塞。事實上，在打炮現場，還是要來點類似「大甲媽祖繞境」的嗨歌，才顯得熱鬧滾滾。像是前戲的呻吟聲、高潮迭起的叫床聲，衝刺時肉肉相擊的啪啪啪聲，以及陰吹出一首完整的beat-box，都能為性愛帶來熱度和刺激。因此我認為，床上追求最高品質「靜悄悄」反而破壞氣氛。

所以我要告訴苦主，當男友面對妳下半身吹到刮起龍捲風而嗤嗤偷笑的時候，一定要義正言辭告訴他說：「這很正常，是你少見多怪，沒關係！炮多打幾次就見怪不怪了。」也要奉勸男人：千萬別為了女人下體放風，就嚇得吃手手，因為這正好顯示你個人性經驗不足，在「床的世界」少見多怪。尤其陰吹代表女人正處於情慾高漲階段，證明男人床功了得，更該趁勝追擊，專心在碰撞出更激昂火花，而不是小鼻子小眼睛在那裡計較她的噗噗聲噪音擾人。

男人面對女人胯下任何詭異奇怪的狀況，都應該要心不驚、面不改色（除非對方長菜花或飄異味，請處變不驚地請她早日就醫），裝出一副大風大浪老子都見過的模樣，才是正解。

做愛射不出來？無法「自排」，只能「手排」

欣西亞妳好：我是一個熱愛看 A 片擼管的宅宅，夯槍時都能正常射精。交女朋友後，在跟她做愛時，竟然射不太出來，抽插很久也無法噴射，整個進退兩難。最後我採取手動，也就是要打手槍才順利射出。請問是因為 A 片看太多了嗎？

■

相信每個男人都有看片打手槍的習慣，在繁忙的日常生活裡，可以不追劇，但不能不看片；可以不運動，但不能不打手槍。至於A片和擼管，幾乎是同步進行，是個套餐來著。這個良好習慣無論是單身、有伴、已婚男人皆行之有年，多數人也覺得這比參加救國團健行或登高更有益身心健康。

NOKIA說：科技始終來

自於人性。A片劇情提供男人慾望的解放，讓性幻想有了出口，在寂寞孤單覺得冷的時刻，AV女優撫慰了男人的心靈，也順道暖了他的身體，雙手套弄要快、要慢揮灑自如，當體內的精華射向台北的夜空，綻放出一朵朵燦爛的花火，快樂根本不用花錢，娛樂價值和CP值都高到破表！科學也證明，DIY能紓壓、助眠、減輕頭痛，泌尿科醫師也認為定期清槍可以防止攝護腺結石，降低罹癌的風險，男人自慰確實好處多多。

啊恩勾……所謂「物極必反」，有些事情做絕了，難保不出亂子。話說自從欣西亞擔任性諮詢師，開放讀者線上諮詢以來，就碰過好幾個真實案例，苦主們遭遇的狀況是：明明看片打手槍都沒事，但在真槍實彈做愛時，竟然射不太出來，必須將活塞運動的「自排」，硬生生改成擼管的「手排」才能射精，啊捏究竟是花嘿噴？

雖然老二的海綿體不是記憶床墊，但它會習慣在雙手包覆和套弄下射精，要它在陰道內抽插再噴射，環境不同，手感變了，主角也不一樣，結果自然「某港款」。陰道畢竟是個關卡交錯、層層疊疊的器官，老二督進去時，多少會感受到些許阻力，甚至有微微被彈出來的FU，經驗不足的老二就會嚇到，嚇到就可能軟掉，然後「懶趴丟驚罵罵號，暗暝吖矬青屎」，俗稱卡到陰。就算順利督進去，陰道內組織嚴密，還不習慣周遭環境的老二難免覺得緊和窒息，於是它又嚇到惹，嚇到就軟掉，接著「懶趴丟驚罵罵號，暗暝吖矬青屎」，又是鬼打牆、卡到陰。

就算排除前面兩件事，抽插時間久了，陰道潤滑度降低，不像打手槍能自由添加潤滑液，於是老二又覺得「休誇怪怪不蘇湖」，不過這次它沒軟掉，它有硬起來，就像條硬漢撐著，但死撐活撐就是下不了台，距離射精遙遙無期……（只能演唱一首范瑋琪：我找不到，我到不了，你所謂的將來的美好）更甭提「看A片打手槍」這個屬於大辣等級，女優的顏值、身材多麼超乎現實，整體體驗幾乎不切實際。

更別說打手槍可隨時變換力道，自由掌握快慢鬆緊，習慣吃重鹹的老二，突然面對眼前「素人女友」的小清新，本來吃大辣的才能射得登高望遠，現在換成清粥小菜，根本不足以啟動發射模式，自然必須將抽插的「自排」，改換成擼管的「手排」才能順利射精。

碰到做愛時射不出來，或需要很長時間才能噴射，先不要過度擔心，以為老二要GG惹，欣西亞建議大家先去泌尿科檢查。一般來說，神經系統出問題、脊椎受損，或是服用抗憂鬱藥物，多半會引起射精延遲或不射，排除以上可能導致的問題，確認身體完全健康，再尋求性諮詢師或性治療師的協助。

若想預防這個問題，原則是別讓老二習慣「看片打手槍」這個套餐，訓練老二不只是看片才能噴發，而是馳騁性幻想時也能使然。擺脫手感也很重要，如果真的只能一人成行，不妨準備模擬陰道的3D模型（類似飛機杯），製造各式各樣不同的環境，不但讓手槍打得更促咪，也能訓練老二不管在如何艱困的環境中都有完美射程。

若已經碰上這種狀況，也確認身體健康無虞，欣西亞建議男性先減少看片打手槍的次數跟頻率，甚至停止看片打手槍至少三個月，並請另一半出「手」救援。也就是，先換一隻手幫忙擼管，適應不同手感，然後，做愛時，多讓老二適應陰道的環境，不要冀望一次到位就噴射，而是慢慢地讓老二習慣做愛的感覺，最後才追求射精。總而言之，看A片打手槍是吃重鹹，性愛是一般辣，要如何從吃重鹹變成吃一般辣仍然勁辣有味，日常生活調配得宜，才是找到平衡的重點。

女友做愛溼答答，鮑魚煮成蛤蜊湯

親愛的欣西亞，我女友是易溼體質，每次上床時，沒親幾下她就已經溼了，做愛時更是溼到不行，導致抽插時我的老二一直滑出來一直滑出來，請問我該怎麼辦？

■

不曉得為什麼，看到這則苦主提問的時候，我的腦海一直浮現薑絲蛤蜊湯的畫面（遠目）……

老實講，當女人很辛苦。在床上水位太低，男人會怪妳不夠投入，是否過於分心所以導致溼度不足？然後澀澀的害他擼破皮。還有，胯下色澤不夠粉嫩，男人會懷疑女人是不是經驗太豐富，或嫌棄妳是老皮嫩肉，雖然口感麥歹呷，但外觀就是不怎麼養眼。

就算私密處夠粉嫩，顏質也出眾到可媲美是胯下界林志玲，竟然會還被抱怨太緊，被男人客訴說「老二要像運動員般先助跑、衝刺才能順利向前突刺」，或是緊到在裡頭不好作業，抽插卡卡不順暢，整隻屌彷彿像被人掐住脖子，幾乎快缺氧窒息。現在，竟然連太溼也有人在靠夭，說做愛時老二像坐水上樂園滑水道一直滑出來、一直滑出來、一直滑出來！是說，嫌女人家太大，首先要先思考的是，是不是你的「傢俱」不夠多、塞不滿？所以，我要先請提問的苦主靜下心思考三秒鐘。問題的癥結點究竟是女朋友太溼？還是你的傢俱特別小？

好！假設真的是你 hen 大，她太溼好了。我有兩個解決方案提供你參考：

一．選好時機

女人的下體確實有乾溼之分，月經剛走時最乾，接近排卵期，甚至到排卵期會愈溼。因為這個時候女性會產生所謂的「蛋清分泌物」，水漾透明清亮，質地滑溜延展性高，女生上完廁所用衛生紙擦拭，有時會拉出一長條如同蛋清，故得名，這個時候下體也會因此比較潮溼。所以若在這時期做愛，你深怕自己的老二會像去馬拉灣玩滑水道一直滑出來，就請避開排卵期。那麼排卵期怎麼算？一般來說，女人月經週期是28天，通常第14天會排卵，排卵前後的3～5天會陰道不但比較溼，身體也容易受孕，如果不想搞出人命，戴保險套或打手槍是明智的抉擇。

二．開冷氣機、除溼機、電風扇

你可以在做愛時開冷氣、除溼機和電風扇，電風扇最好還對著她的下體吹，這樣當她出汁的時候也許可以揮發一些水氣走。哦！有人提議拿吹風機比較方便是嗎？當然不行，吹風機燒燙燙，吹出的熱風拿去吹胡椒蝦或許可以加速熟成，讓胡椒蝦更乾爽可口，但你不是在賣巷口胡椒蝦，她也不是炭烤生蠔，燙傷了你也沒得玩了。

另外欣西亞也要特別強調，男人傢俱不夠大、塞不滿，倒還不是導致滑出來的主因，「硬度不足」更可能是導致此種情況發生的原因。當發覺小弟弟硬度不足時，男人無需過度緊張，所謂心理影響生理，很可能是在你抽插時突然閃神或分心，明明血液都應該充斥在小頭，結果部分血液回流到大腦去，造成老二稍微軟Q。此時，請發揮泰山崩於前面不改色的精神，通常硬度會再度回籠，愈處變不驚，愈能順利跑完全程。

最後，親愛的苦主你要換個角度看，你說女友是易溼體質，我會告訴你：女人畢竟不是飲水機說溼就溼，我們也是會看人滴。你有沒有想過，她的潮，是因為出自對你的愛；她的溼，更是因為你功夫神妙。你今天complain她一直上演白蛇傳的水淹金山寺，搞不好也是因為你的雷峰塔讓她潮吹不已。再碎嘴，她還可以有很多塔狀物或摩天樓可以去淹，真的不差你這一支！

說到底，有個女人為你溼，那是多麼幸福的一件事！很多男人只有雙手溼答答，你是有個穴穴可以湧泉，所以要好好珍惜才是。

老婆婚後性冷感，老公可以約炮嗎？

我和太太的性生活在小孩出生後嚴重減少，半年才開機一次。本來我可以體諒，畢竟帶小孩很辛苦，但日子一久，我已經快凍未條，試著老婆溝通，她只說自己性冷感，情況毫無改善。請問，我這樣可以去約炮或外遇嗎？

■

苦主這題似乎是想在偷吃上得到欣西亞的認證，企圖挖坑給我跳。是說，約炮或外遇乃人身自由，你如果硬要去我也沒辦法攔你，但我卻可以先為你分析一番，仔細聽過再做決定不遲。

二〇二〇年五月大法官宣告通姦除罪，引起民眾一片嘩然，老婆嚇得人心惶惶，老公則樂得胯下癢癢，其實這都是對法條的認知還不夠透澈。所謂「通姦除罪」，僅在刑法上免除刑則，倘若另一半出軌，配偶仍然可以在法律途徑上，以「民事」請求侵害配偶權，要求賠償。

鹹溼曖昧的簡訊文字、肢體觸碰的愛撫，甚至「蕭兒對準口，口兒對準蕭」的吹直笛運動，通通是求償項目，而且是一罪一罰。苦主你無論是選擇約炮還是結交小三，若老婆發現並且追究，到時口袋裡的銀子就好比射出來的精子一樣，有去無回，免錢的永遠最貴。因此，奉勸你，要嘛，離婚！要嘛，努力和老婆找出解決之道！

好，你告訴我你已經努力過了，因為你「有試著和老婆溝通」。在這裡我想跟所有男女都 heart to heart 一下：溝通，是雙方面的互動，而且有商有量。以此案來說，如果男人只是丟一句：「老婆，我覺得我們做愛做得不夠多，想增加次數」就覺得溝通成功解鎖，期待每晚老婆都主動撲倒，那只能說你好傻、好天真。事實上，苦主已經察覺問題的癥結點，就是老婆帶孩子很辛苦很忙碌，導致性愛次數降低，那麼我們當然要對症下藥，以下是配套措施。

請老公出手分擔家務

很多人妻跟我抱怨：老婆真不是人幹的工作，白天上班已經很累了，回家還要照顧小孩，好不容易終於可以躺平睡覺，結果被老公挖起來要求「陪睡」。不做說我是死人，做了說我是死魚，我也很無奈。

不得不說，生兒育女確實是夫妻性愛的殺手，照顧孩子的重擔又通常在老婆身上。古人言「飽暖思淫慾」，意思是最基本的生理需求滿足後，才有動力產生性慾。如果今天女人因為照顧小孩連覺都睡不飽，精神體力已被榨乾，自然不可能有心思榨乾老公。因此，請男人除了忙於工作，還是要出手分擔家務，或是，更高明的，花錢請人代勞家務，免得做完你也累了。當夫妻雙方都有閒情逸致時，腦袋自然會想些有的沒的，淫慾才會蠢蠢欲動。

二 讓老婆重拾當女人的滋味

除了具體行動幫忙老婆分憂解勞之外，也要讓她重新當回一個自信和性感的女人。男人要明白，很多女人婚後淪為黃臉婆，是因為她把心思放在整個家上面，照顧孩子和老公都來不及了，哪有餘力照顧自己？當女人自認不再有魅力，她自然不會想招蜂引蝶、全裸示人，於是「性」致缺缺。

請定期定時讓老婆出去放風：做SPA、喝下午茶、購物、接睫毛、美甲美容，讓她買件成套的蕾絲內衣、比基尼等，然後刷你的卡。當她重新enjoy當女人的滋味，當她懂得寵愛自己，晚上才會有動力寵愛你，讓你好好享受她。

三 回到兩人世界

有孩子在身旁，性愛就少一分浪漫；有公婆在身旁，更是多出好幾分負擔，因此夫妻經營兩人世界非常重要。讓老婆打扮得漂漂亮亮，接她出去上館子吃大餐，再來場電影，電影散場後再直奔高檔摩鐵，換了場地，心情不同，性慾就大開。或是，安排兩天一夜輕旅行，兩人稍微從柴米油鹽的現實中逃離，把目光拉回彼此身上，光是肩併肩躺在飯店鬆軟的白色大床上就已經很「性」福。

夫妻真的要努力製造兩人的獨處時間，不是等孩子長大後才經營，因為那時雙方年紀大，搞不好乾的乾，不舉的不舉。一旦心有餘而力不足一切都來不及啦！

四 製造平淡卻實在的浪漫

我一再強調：牽手比做愛重要。很多男人都是有求於老婆時，才牽起她的手；有企圖想撲倒，才揉上她的肩。把肢體親密當作上床的前奏，其實根本本末倒置。所謂軟玉生香抱滿懷，伴侶之間的肉體接觸，平時就要維繫。習慣牽手、擁抱、親嘴、撫摸，不要等到想上床才做，否則老婆根本是老公一靠近她就整個人彈開，覺得目的性太強，下半身立馬風乾成乾燥花。

婚後性冷感的成因很多，「生兒育女」是其中一個，和「公婆同住」也在排行榜上。因此，防範勝於治療，平時一定要一起照顧孩子，並且努力喬出時間、空間給彼此才是。別以為現在跟另一半炒飯炒得激烈，此生就跟無性生活絕緣，不是不報，是時候未到啊！

菊花台之歌

親愛的欣西亞，我男朋友的生日快到了，他今年想要的禮物竟然是「走後門」，看他那麼躍躍欲試，我內心充滿無限掙扎。如果是平日一定會斷然拒絕，但這畢竟是他想要的生日禮物，人家都開口了，就覺得多少配合看看？妳覺得我應該要答應嗎？

■

肛交，英文又叫做anal sex，通常男人想嘗試的意願會比女生高，因為被捅的不是自己，他們只是換個洞進進看，跟打高爾夫球一樣，所以根本沒差。我覺得苦主的顧慮除了這是男友主動要求的生日禮物之外，也要考慮「食髓知味」四個字。因為如果他一試成主顧，這件事就不會僅僅是一年一度的大壽賀禮，三節、年終等特殊節日，恐怕也會要求妳屁股翹高高當餘興節目，或者成為床上性愛的日常。於是，妳的肛門也從此開啟它的斜槓人生：夾斷大便／吞吞吐吐／聞雞起舞。因此，妳今天的半推半就，非常可能造成它日後的軟土深掘，然後被掘到「零企」（鬆掉）。

所以，當女生被提出想走後門的要求時，如果內心有一絲勉強或猶豫，那就不要答應，為他獻唱一首周杰倫的《菊花台》聊表誠意就好。如果對方盧小小非要試一次不可，請妳遵照下面SOP流程，先拿根假陽具對著他肛門 run 一遍，如果他能接受被捅，那大家再來約 schedule 也不遲。

肛交SOP第一步：做好清潔

大家的小雛菊都有一個共同的原則，那就是：只出不進。如果要反其道而行，放東西進去，一定要先淨身，做好清潔避免感染，必要時也可以全程戴保險套。另外，曾聽過有些人在肛交時老二一進去，拔出來就變身巧克力棒或烤玉米，因為上面全沾滿了屎。因此在開工前也建議可以先浣腸，把裡面清乾淨再上。總之，政治人物說：「屎要出貨要出得去，人要進得來，那麼欣西亞也要照樣造句教導大家肛交順口溜：「屎要出得去，屌才進得來。」

肛交SOP第二步：先得寸，再進尺

菊花冰清玉潔，除非妳男友是鑫鑫腸的size，否則別讓他貿貿然就急著把老二捅進去。可以請男友全程搭配潤滑油然後用手指進去肛門試探，等肛門習慣異物進入後，再嘗試用比手指粗，但略老二細的情趣用品慢慢抽插，待肛門毫無不適感後，才讓老二上場。原則是：先得寸，再進尺，才不至於驚擾聖駕。如果他覺得用手指很噁心，就直接跟他say NO，這點事情都無法忍受，那他絕對沒資格走妳的後門。

肛交SOP第三步：全程使用潤滑液

為什麼周杰倫會在菊花台唱：「菊花殘，滿地傷，你的笑容已泛黃」呢？答案是因為沒用潤滑劑。菊花跟鮑魚的差別就在於「鮑魚本身會出汁」，受人點滴就能湧泉以報，但菊花就不是了，就算男人對它熱情到拋頭顱、灑熱血，它也生不出菊花普洱茶，因此潤滑液是必備品，不要擔心會浪費錢，一瓶、兩瓶儘量開下去！也請男生不要自作聰明，想說就地取材直接用口水，口水易乾，延展性也不好，朝著妳的肛門「咳咳⋯⋯呸！」吐口水也很沒禮貌。

肛交SOP第四步：慢慢來比較快

老二和菊花的第一次親密接觸，切記要慢慢來才能比較快成功，等對方習慣了以後再緩緩抽插，千萬不要橫衝直撞。若有任何不適或不舒服，一定要說出來並停止一切動作。雖然性愛是一連串的刺激冒險，痛爽痛爽也是另一番滋味，但只要不喜歡就應該暫停，而不是半推半就。如果突然改變心意要採取正常性交，也請記得把老二先清洗乾淨，免得把肛門的細菌帶到陰道而造成感染。

這裡再次貼心提醒，肛交還是有風險，譬如：撕裂傷或細菌感染。尤其它組織薄，少潤滑，因此更容易使肛門受損，因此還是請三思而後行。不要等到走後門走出問題才大唱「商女不知亡國恨，隔江猶唱後庭花」，那就太遲嘍！

當男人要求拍性愛影片

男友昨天提出「想要拍攝跟我在床上的性愛影片」，理由是：因為他身旁有些情侶都會拍，所以他也想試試看。我頓時不曉得該如何是好，無法理解會拍性愛影片男女的想法，也不知道究竟該不該嘗試，妳有什麼好建議嗎？

■

是說，有些情侶確實會想把啪啪啪過程側錄下來，不諱言我跟 Shane 也曾經拍過這麼一次（事後全部 delete 切勿索取）。至於是為什麼？我想源自下列動機。

一 出於好奇心

會想拍攝性愛影片，就是想看看自己在床上的樣子究竟是什麼回事，是不是很 hot？會不會很 sexy？有沒有贏過專業AV男優女優？

二 增進情趣

我跟各位報告，會將床戲拍攝起來欣賞的男女，多半都不怯場，而且可能懷有明星夢。一想到鏡頭在ON，血脈便會不自覺賁張，全身戲胞也跟著活躍起來，如此一來，前戲不但演得淋漓盡致，重要橋段的衝刺更加一氣呵成，每個move做起來都帶勁兒得不得了。這時嘴巴什麼都吃，就是不吃NG，為了讓畫面養眼好看，什麼不敢嘗試的體位或姿勢都會擺得美美的，為了收視率（其實也只有兩個人看）精湛演出，性愛情趣自然UP。

三 事前準備，事後回顧

情侶拍性愛影片，目的一定是會回放觀看（不然是拍心酸的嗎？）所以大家在性愛的事前準備會更為用心。不常化妝的女生都會化一下，精心挑選個好看的衣服或性感內衣，男生上鏡前會做個伏地挺身，讓肌肉線條看起來更明顯，搞不好連老二都會特意先玩弄拉扯一番，讓它呈現半甦醒狀態，才不至於看起來太迷你，連過程怎麼拍，很可能都會事先排練一遍。

拍攝過程可能很 high 也很可能落漆，因為一「開麥拉」，彼此內心難免較勁且不遑多讓，拍到一半可能就會有人開始搶鏡頭，不然就是被對方嘖說：「喂！你擋到我的臉了。」還有就是會特意擺出那種完全在秀身材，卻毫無利於做愛的姿勢，不然就是事後回顧時有人很滿意自己的表現，對方卻覺得他哪裡不夠完美，所以要一直重拍一直重拍……

以女生來說，我想比較少人會主動提議想要拍性愛動作片。畢竟不怕一萬，只怕萬一，如果影片外流出去，嚴重影響名譽不說，也會被鄉民肉搜，導致身敗名裂。因此拍攝性愛影片，大多是男生提出要求，而且通常會用很紳士的神情說：「對不起，不好意思！我想請妳跟我拍一段『我正在床上死命插妳』的影片，謝謝！」這種「請，謝謝，對不起」全都用上的禮貌邀請。或是以增進床上情趣為由，希望妳能答應。至於女生，或許也想嚐嚐當網紅、明星的滋味，一窺自己在鏡頭前搖擺是不是很正？很性感？很風情萬種？但又害怕影片外流的風險，不免陷入兩難。

如果妳想 say NO，我覺得就直接了當告訴對方：「不要！」不要擔心澆熄他一頭熱情，也別顧慮是否煞風景，如果男人因此而哭跑，甚至軟屌，只能說他太玻璃心。「上鏡頭」如同和男人「上床」，若不想跟眼前這個人發生關係，自然義正言辭的拒絕，妳不會因為男人已經硬起來就心軟讓他捅一下，因為妳知道捅完一下還會有第二下……啊！不是！是因為，妳知道兩情相悅的重要，不愉悅，就沒人可以勉強妳。

同理，妳不必因為男人提出拍攝要求就妥協讓渡身體肖像權，主動要求的人就要有被打槍的心理準備。況且，男人開口問，多半只是賭賭看，妳說「不好」理所當然，妳說「好」是他 lucky 賺到。因此，真的不必為了對方「不恥下問」就糾結，沒啥好糾結的，這麼愛拍，他可以去當 Youtuber，然後拍自己打手槍的畫面 solo 就好（注意！若上傳可會觸法唷）。

如果妳想答應，那我也有貼心提醒：請保護好自己。拍下來的畫面兩人私下看看，過過「幹」癮無可厚非，但就是得提防影片外流，供大眾欣賞的可能性。如果妳不介意身材被評頭論足，只怕身分被鄉民起底，那在開拍時就別讓臉入鏡，看是要用頭髮遮住，還是戴上面具，或是採取一些不會拍攝到表情的體位。千萬不要相信他說「不會備份，事後會刪除掉」的鬼話，如果妳怕後患無窮，那還是別輕易應允。

性愛影片究竟要不要拍？我覺得如果兩人都躍躍欲試，也毫無勉強，那是雙方的自由。兩人濃情蜜意都沒事，但如果分手撕破臉，難保另一半不會拿影片大做文章。結論是：拍攝性愛影片弊多於利，如果真的想看彼此的表現，對著鏡子表演，也不失是另一種樂趣。

弟弟偷拿姊姊的襪子打手槍

家庭性教育

欣西亞：我的弟弟現在高一，會偷偷拿我穿過沒洗的襪子套在雞雞上摩擦，請問一下這是正常的嗎？他這麼做也讓我心裡很不舒服，我該怎麼跟他說呢？

欣西亞收到這類的問題層出不窮，有新婚期的老公偷買別人的原味內褲，也有剛長毛的兒子偷拿媽媽的原味絲襪夯槍……這次是，正值青春期的弟弟偷拿姊姊的原味襪子擼管。這一切，在性學裡都是「性癖好」的表現！

每個人或多或少都有自己的性癖好，好比網路鄉民常說的「有奶便是娘」，不難看出波濤洶湧或「ㄉㄨㄞ天」的大罩杯令多數男人熱血澎湃、性慾噴發，然後胯下 ininder。同理，許多女性對於筆挺的成套西裝或專業制服也很有感覺，從電視劇裡的韓國歐巴，到日常生活裡的職業達人：警察、消防隊員、黑貓宅急便……都可能令她們雙腿一軟，產生無法抗拒的吸引力。

上述根據誘發性慾的主題不同，就會衍生出腿控、臀控、腳趾控、制服控、蘿莉控。有人是只有視覺刺激，光憑畫面馳騁在性幻想裡便能得到滿足，有些則必須搭配氣味或物品，藉由嗅聞、摩擦、套弄，整體做到4D體驗才能抒發。

依我看來，擁有性癖好實屬正常。若是身分已婚或身旁有伴，行使時必須顧慮伴侶感受，以雙方都能接受的方式進行，若是單身，則必須不侵犯別人權益，取得物品的手法不違法，那麼愛如何發揮都是個人自由。不過，在這則苦主提問裡，弟弟在完全沒過問和徵得姊姊同意前，便擅自拿她的原味襪子滿足私慾，很明顯是偷盜和侵占。因此，問題的癥結點根本不在性癖好，而是沒禮貌！尤其，這還不是偷用姊姊背包或雨傘如此簡單的事，而是將別人的私密衣物拿去貼身使用，有衛生上的疑慮，就算事後洗乾淨，還是會讓當事人內心造成陰影。

我建議這位姊姊可以在私底下用聊天的方式詢問弟弟：

「我問你哦，如果有一天我拿你的牙刷刷牙，你覺得OK嗎？」

「當然不OK啊！這是我的牙刷，拿我的牙刷去刷妳嘴裡的牙齒，很噁心耶！」相信弟弟應該會有此反應。

「那如果我很禮貌的先問過你呢？」

「還是不行啊，這是衛生問題耶！」

「既然如此，那麼拿我的襪子去玩，也同樣讓我心理覺得不舒服。」

此時弟弟內心應該震了一下，姊姊則可以進一步解釋：

「問題不在於『刷牙』這個行為，而是我不想跟你『共用』同一把牙刷，如果今天我的牙刷你已經刷過了，也不用還給我了，因為我也不會再拿去刷牙，就當成我送給你好了。襪子，也是一樣！」

然後希望弟弟有所警惕，不要再隨便拿妳的東西。不過，如果弟弟此時候沉吟了半會兒，然後緩緩說出……

「可是我上次看見爸爸在偷玩妳的襪子耶……」（登愣）

那就請妳把這個關於牙刷的談話，再跟爸爸說一遍！

那麼，如果是碰上另一半有性癖好呢？

欣西亞的建議是先不用太過驚慌，反倒可以敞開心胸跟他聊聊，了解這些物品究竟帶給他什麼感受？他對物品的依戀到什麼程度？有些人只是單純性幻想的實現，可用可不用，偶爾助性，有點類似角色扮演需要用上的道具，我認為還在合理及安全的範圍。如果對方非得要靠這些物品，必須看、把玩、嗅聞，甚至摩擦才能誘發性慾，或是得到高潮，那就太過依賴，可能需要接受專業諮詢探討背後潛在的原因。

性癖好不一定是不正常，適當的癖好確實能為性愛增添刺激。除了深聊、討論，願意嘗鮮的人或許還能試著加入，用對方迷戀的部位發揮創意取悅他，搞不好能玩出不同以往的火花，而讓彼此的關係更緊密也說不定哦！

約炮時，該付錢嗎？

約炮完後我想掏點錢 8,000 ～ 10,000 元給炮友妹妹，單純想改善對方生活，並無負面意思，請問欣西亞這樣 OK 嗎？

「約炮」跟「召妓」的差別就在於有沒有金錢交易，你雖沒有把炮友妹妹當成雞，但上床後掏出一疊鈔票，很難令女生不覺得自己是雞來著。倘若真心想用錢資助她迎向美好生活，最好先放棄打炮的關係，以朋友或男友的身分出發，才不致於傷人感情。

是說，約炮，就好好炮、專心炮、炮好炮滿。兩人邊啪啪啪邊聊天，而非叫床聲此起彼落，顯示彼此都不是很投入，實在有違約炮倫理，下次實在不該再約出來。而且聊天就算了，你還心靈交流到去猜測女生的生活可能不是很好，還思考起是否該拿 cash 贊助對方，還顧慮起這樣是否 OK，這位兄台你真的知道約炮是在幹嘛嗎？

我以為人們只有在危急時刻腦海才會出現人生跑馬燈，結果你約炮完全分心到幫約炮對象思考起人生，我認真覺得你是根本來亂的！你有想過炮友妹妹擁抱高潮了嗎？沒有！並沒有！因為你只在想跟製造高潮無關的瑣事，光是這點，就應該永遠被約炮圈拉黑、ban 掉。

最後，約炮追求的就是一種「用葵花油炒菜，清爽無負擔」的關係。其最高指導原則就是製造高潮，愛聊天講話請去開 podcast。若是約炮，少廢話，身體力行把床單滾好，那才是普渡眾生。

04 與時俱進的兩性相處觀，牽手比做愛性感

通通在騙炮！
男人常用的「約炮金句」

我想知道為什麼男人明明滿腦子想的是跟女人啪啪啪，或是把妳弄上床，卻總是拐彎抹角講一些五四三。請問，要怎樣才會知道他約妳出去其實是為了要打炮？免得赴約後，想法不同浪費時間。

■

身為一個現代女性，多少需要具備看穿男人動機的本領。他說的某些話，字裡行間其實性暗示頻頻；他安排的某些行程，搞不好是要妳主動臣服在他胯下的前戲。很多時候，妳以為約會的對象是在讚美妳，或是提議一起去做某事，事實上都是在聲東擊西，當妳還沒搞清楚究竟發生什麼事，人已經在他床上，明明嘴巴還在聊天氣或3C，結果男人已經開始寬衣解帶，對妳上下其手，面對這一切的「花嘿噴？」恐怕只有對方心知肚明。

我曾經問身旁男性友人：「如果想約炮，幹嘛不直接開口明講？為了上床還鋪哏鋪一堆，到底累不累？」結果友人一語突破盲腸，答：「不是我們愛迂迴，是妳們女人喜歡這樣，如果今天我跟一個妹說『走，一起去開房間』，就算她有意，也會因為我太直接，或是覺得不夠浪漫，目的性太強而斷然拒絕，所以只好語義不清曖昧不明。」友人還補充說，若是同志間的約炮，比較不來這套，大家都是男兒身，既然你想的跟我想的都一樣，何不趕緊開工速戰速決，好不好用高下立判，一種爭取時間的概念。

妳聽得出來男人邀約下的弦外之音嗎？以下男人常用的「約炮金句」，提供給妳停看聽，再考慮究竟該不該赴約，倘若赴約，切記提高警覺保護好自己。

一 「妳想離開這裡嗎？」和「我們去個安靜的地方吧！」

這兩句很常在酒吧或夜店使用。當男人請妳喝了酒，又藉著震耳欲聾的音樂靠妳很近，兩人耳鬢廝磨一番後，他很可能先提議：「妳想離開這裡嗎？」若妳沒拒絕，他就會趁勝追擊：「那我們一起去個安靜的地方吧！」接下來妳就會發現那個安靜的地方是摩鐵，唯一的聲音就是兩人性器相接的啪啪聲，以及叫床聲。

二 要不要來我家XXX？

舉凡男生用「要不要來我家……」開作開頭，十之八九都是要約炮。好比：「要不要來我家打電動？」「要不要來我家看Netflix？」「要不要來我家看我養的寵物？」這些女生都要當心。尤其是最後邀約妳去他家看狗、看貓、看兔兔、看烏龜的，也許男人真的有養可愛小動物，但不得不說他也肖想妳把他身體當成可愛動物區，摸他下半身的小雞，摸他的龜頭，最後再跟他的ＬＰ一起互動。

三 一起去泡溫泉吧！

這招真的還蠻多男人用的，而且讓我不敢相信的是，很多女生竟然好傻、好天真以為就是去泡湯。哈囉！這超級明顯的好嗎？去泡湯就是要坦誠相見啊！見了自然是要性器相接啊！怎麼可能脫了衣服還不辦事，除非你們去的是男女分開的大眾湯。

四 要不要出來吃宵夜

這句話背後真正的意思是：「要不要出來呷洨？」它通常會搭配過11點的深夜時段，因為早過了一般用餐時間，所以他不是約妳吃飯，而是吃宵夜。有些男人半夜睡不著，非得要有女生暖床抱著才能睡，於是四處傳Line，或乾脆上交友軟體找伴，倘若赴約，相信吃的不僅是宵夜，還有衰洨跟好洨，以及其他令妳意想不到的東西。

五 我女友／老婆不在家

這句約炮意味整個非常濃厚，而且說穿了他要的就是一夜情的肉體關係，把妳當免洗筷，擺明一副老子已經死會嘍！只是今夜正好有機會可以偷吃，看女人是願者上鉤？還是不願者回頭？被提出這樣的邀約，我會奉勸妳千萬別去，因為赴約簡直就是作賤自己。

約炮，最高指導原則是快快樂樂出門，平平安安回家。倘若赴約，保險套一定要記得戴，安全措施不可少，才不會平白無故被炮灰，那就得不償失啦！

哪些炮不能約？約了保證變炮灰

最近在交友軟體迷上約炮，一試成主顧不可自拔，但覺得還是要小心為上，想問問欣西亞有哪些炮，妳完全不推薦呢？就是約了會讓人變炮灰的那種，謝囉！

■

約炮，在現代社會裡，確實不像從前那樣令人大驚小怪，成交的次數愈多，也頗能當作個人的豐功偉業在嘴巴上吹噓。啊嗯勾……當過兵的人都知道，炮，其實分成很多種，有些炮看來安全，實際上則充滿危險，操作上一不小心，隨著炮仔聲震天嘎響，自己也在瞬間變成炮灰。

約炮也是一樣，你以為約出來沒問題，直到子彈上膛才發覺是拿個人性命開玩笑，要嘛擦槍走火，要嘛流彈四射，真的不是射完洗洗睡這麼簡單。究竟，哪些炮友類型男人最好少玩為妙？請看以下欣西亞的分析報導：

一 未滿十八歲的

年輕美眉在交友市場上所占的比例增高，年齡有逐年下降的趨勢，年紀愈小的似乎愈受歡迎，其中不乏國高中生，甚至國小五、六年級生。有些小妹妹容易受到成年男人吸引，因為可以拿自己跟社會人士社交（其實是性交）的經驗跟同學炫耀，而且成年男碰上幼齒，也感覺彷彿回春，一下天雷勾動地火便成為炮友。然而，和未成年人發生性關係，無論是否兩情相悅，都會讓你吃上官司。因此，拜託男人在約炮前最好確認一下對方的年紀；光問還不準，現在少女外表成熟，最好還要檢查身分證。總之，在她吹熄生日蛋糕上的十六歲蠟燭前，切勿輕易讓她吹你！

二 窩邊草型的

有道是：兔子不吃窩邊草。很多男人對於周遭人士如：同學、同事、客戶等，習慣對她們打嘴炮，結果嘴炮打一打，見對方沒抗拒又笑得燦爛，曖昧搞一搞，一個move就又炮上床惹。窩邊草型的炮友就像不定時炸彈，你不曉得她什麼時候會爆，所以防不勝防，炸開的時候，因為是你工作中或日常裡會遇到的對象，如此近距離令人容易受到波及，傷害程度也更加強大。由於兩人生活重疊度高，你連想甩都甩不掉，一旦她決定玉石俱焚，你便束手無策，名譽掃地不說，恐怕也會成為熟人指指點點的對象。

三 朋友妻不可戲的

有些寂寞人妻會選擇和老公身旁的好友發生關係，一是近水樓台，二是你一定會為了維繫友情而保守祕密。如果今天嫂子主動給福利，男人確實會陷入兩難，拒絕嘛……怕日後見面會尷尬，督進去嘛……又怕兄弟會知情拿刀來殺你。然而女人是拒絕不得的，從或不從她恐怕都會說出去，前者是食髓知味用告狀來威脅你的屌繼續抽插，後者則是見笑轉生氣，乾脆造謠毀掉你的清譽和友誼。那該怎麼辦？是用老二塞進她的洞堵住她的嘴，還是躲得遠遠的從此不必見面，就看聰明人的抉擇了。總之，上述狀況倘若遇到真的是進退兩難，如果可以選擇，約炮拜託千萬別找嫂子，成為炮灰的機率幾乎百分之百。

四 網紅型的

遙想二〇一九年新聞鬧很大「孫安佐、網紅米砂約炮事件」，不但硬生生被抖出來，網紅還宣稱墮了胎的孩子是孫安佐的。一個原本是射後不理的單純約炮，演變到要認祖歸宗、滴血認親的事件；你不想面對，人家還不見得要放過你。網紅就是在網路上有知名度，你不想紅，人家卻可以讓你紅，今天你用老二頂她，明天記者就拿著麥克風堵你，想要低調都不行，反而可能身敗名裂。

約炮，爽不爽是一回事，能不能功成身退則看本事。首要之務是選對對象，如果老是視人不清，那請效法網友鄉民補充櫻木花道的名言：「左手只是輔助，因為右手要拿滑鼠」，回家看片自己吃自己，才是最佳安全之道。

「嗨！最近好嗎？」男友舊情人想復合的三種心態

男友的前任女友，突然透過臉書私訊敲他說：「嗨！最近好嗎？有點想你，哪天我們出來見個面好嗎？」讓我擔心她是不是想要跟他復合，如果真的是，那究竟是什麼心態啊？

■

久沒跟閨蜜出來update近況，某天約喝咖啡，她劈頭一句：「妳知道嗎？我男友那早死了八百年的舊情人竟然想借屍還魂、敗部復活，然後重返陽間！」「嗄？什麼意思？」我一口茶還沒飲盡，朋友已經劈哩啪啦說了一串，「就是肖想跟我男友復合啦！我告訴妳，她最近動作頻頻，一下在我男友的FB貼文按讚，一下留言問他說哪天可以約出來，妳說，這不是想敗部復活是什麼？」可人兒一臉氣噗噗，然後哭喪著臉追問：「當初還是她先把人家給甩了，現在似乎又想把人要回去，這到底是什麼心態？」雖然知道她也許是小題大作，但這種事還是警覺些得好，免得等到男人「胖某企」（台語：不見），一切就太遲了。

是說，為何他的舊情人會想跟我們的現任再續前緣？我想有以下原因：

一　不屬於自己的永遠是最好的

有些女人很犯賤，明明在交往時覺得跟對方相處沒那麼契合，或是極盡所能嫌棄對方待她不夠好，總之就是公主病上身，而男友動輒得咎。結果分手後，她偶然刷個FB動態，看見這曾經屬於她的男人成了妳的男友，便萌生想奪取回來的念頭。我覺得這跟女人瞎拼的本能反應差不多，本來看上的東西可買可不買，但如果有人要，就會立刻抓去結帳，爽的是搶贏的瞬間，但帶回家後不一定真的會用。男人，對她來說只是戰利品。

二 她的現況正好沒那麼幸福，或感情處於空窗

女人的心態很弔詭，當自己過得不錯，但看見前任過得也同樣快活的時候，她的反應很少是給予祝福，而是有些眼紅，甚至突然覺得他怎麼可以過得比自己好！更遑論，如果她的現況正好並沒那麼幸福，或感情正處於空窗，看見你們放閃的模樣，羨慕嫉妒恨的滋味就會油然而生，接著懷念起他從前是如何對自己好，是如何把自己捧在手心上呵護，然後就有了想挽回對方的念頭。

三 他們當初分手的原因並非「不愛了」

一對情侶分手的原因不一定是不愛了，可能是為了拚學業，或拚工作，或家人反對等，總之就是時機不對，而不是彼此間的感情轉淡或消失。就算分手，用情至深或無法放下的那個人，仍舊期待再續雙方未盡的緣分，他會和前任以「朋友」的身分保持聯繫，等到日後有機會再採取行動，企圖讓死灰復燃。這種人的把戲就是很愛用彼

此的「共同回憶」去撩撥男人的心。如果妳跟現任的感情基礎還不穩固，便容易被舊情人趁虛而入。

「我才跟男友交往沒多久耶，怎麼辦？」女朋友聽完我的分析，一張臉刷得慘白。「坦白講，重點並非女友該怎麼辦，而是妳男友會怎麼做？」我回答。

說穿了，如果他的舊情人一撩撥，男人就順勢撩落企，也開始藕斷絲連、牽扯不清，顯示出彼此還餘情未了。假使他的心還存在著另一個女人，身為另一半的妳能接受嗎？會覺得幸福嗎？這可就見仁見智。我的建議是，如果內心感覺介意，請一定要提出和對方溝通，表達妳的不安與考量，看看是否能從他的回應感受到誠意，假使他的態度輕忽，也許此男不是屬於妳的 Mr. Right。

總的來說，當男人的心不向著自己，再怎麼防範都是枉然。我默默在心裡祈禱閨密的男友是夠愛她的，愛得不夠，不要說舊情人，路旁的阿貓阿狗都能輕易撼動兩人的感情。

別成為「渣男發言人」女主角，請女孩們睜大眼睛

我覺得我很有渣男緣，交往的對象裡，十個有九個幾乎都是甘蔗男的等級。請問要如何看穿交往或約會的對象是渣男？我不想再當廚餘回收桶了……

■

以前曾流行過所謂的「甘蔗男」，意為：剛開始吃的時候很甜，最後卻愈來愈渣。現在則進階到「檳榔男」：吃到最後剩下渣就算了，他竟然會令人上癮，而且還有毒！

說到渣男，真的讓所有戀愛的女人聞之色變，愛著卡慘死就算了，還會被糟蹋到體無完膚。更可怕的是，渣男往往吃人不吐骨頭，非得要把妳吃乾抹淨才善罷甘休。以面相的

角度來說，鼻頭垂肉、人中廣厚、鷹鉤鼻的男人，通常較為花心、愛玩、三心二意，所以成渣的比例較高，大家不妨留意。今天欣西亞也整理出五大渣男類型，並且搭配特徵，拜託女孩們一定要睜大眼睛，懂得愛自己。

一 曖昧型渣男：亂槍打鳥，撒網捕魚，撩妹成性愛調情

曖昧型渣男最擅長的就是以「暖男」的姿態包裝自己，他們的特徵就是熟知女性心理，當妳需要別人噓寒問暖的時候，他正好就是送上關心慰問的那一位。好比心情不好時，男生會請喝熱咖啡，順便附贈打氣手寫字條，希望妳振作精神，或是不畏風雨來個溫馨接送情，讓女生外出下班都覺得好貼心。有時則不一定是暖心關懷，口頭上意有所指的讚美，若有似無的撩撥，讓女生忍不住怦然心動，想著「他是不是對自己有意思？」事實上，此男對異性都是這副模樣，是亂槍打鳥、撒網捕魚的投機分子，只要是女的都搞曖昧，誰上鉤誰倒霉，看似暖男，其實是台24小時運轉的中央空調。

二 控制型渣男：最會「以愛為名」，其實他最愛的只有自己

控制型渣男嫉妒心強，占有欲高，看似以女友為重心，事實上是自私自利的表現。他最擅長「以愛為名」，要求女生順從自己，好比：因為他愛妳，所以要妳斷絕跟所有男性朋友的往來。因為他愛妳，所以穿著不准太曝露，不然他會擔心。因為他愛妳，所以不能太晚還在外逗留，搞不好會突然出現在妳跟朋友的聚會，硬是把妳接回家……上述表現，都是控制狂的表現。而且當他對妳咆哮時，甚至會動粗，還會口口聲聲說「那是因為我在乎妳」、「那是因為我愛妳」，所以才控制不了嫉妒心或醋意。萬一碰上了這種渣男，請女孩一定要認清：這根本不是愛，而是自私；男人愛的不是妳，他愛的只有他自己。

三 劈腿型渣男：字典裡沒有「一對一」，蒐集女人是他的興趣

劈腿型渣男的特徵是容易不滿於現況，不甘只有一個女朋友，非得要蒐集小三、

小四、小五才罷休。為了成就在眾多女人間打滾而不出包，練就一副擅長說謊的好功力，不過那也是自以為，如果女生多留意，就會發覺對方記憶時常斷片，或敘述事情牛頭不對馬嘴。好比這個摩鐵他分明就來過，還信誓旦旦說是跟妳一起開的房間，但妳怎麼努力回想就是沒這回事。那麼是否該懷疑，若不是跟妳一起，那究竟是誰陪他在床上啪啪啪？

四 恐怖型渣男：會暴力動粗，愛妳愛到殺死妳

恐怖型渣男大多伴隨控制狂和醋勁大發的症頭，情緒容易狂喜，也容易狂悲，三不五時上演馬景濤式的咆哮，話不好好說偏愛動手動腳，會扣住女生的肩膀前後搖來搖去，或在大街上演出對妳拉拉扯扯，或妳跑我追的瓊瑤戲碼。這類渣男對周遭人事物欠缺同理心，外表冷若冰霜，內心世界麻木不仁，尤其也擅長用以愛為名的「情緒勒索」來對付妳，家暴妳是因為愛妳，動粗是因為愛到控制不了他自己。碰到這類渣

男，我只能說：快逃！

五 心機型渣男：跟妳在一起是因為有好處，吃乾抹淨後就掰掰

心機型渣男習慣跟年長他多歲的熟女交往，受盡姐姐的照顧不說，吃喝玩樂多半花不到自己的錢，有的更懂得發揮愚公移山的精神，默默將熟女的事業或存款掏空。母性堅強的女人最容易落入此男的圈套，因為她們用照顧別人來滿足自己，用「被需要」的方式在談戀愛，願意無止盡地幫助對方，一廂情願認為「只要被需要，對方就不會離開」。但問題就在於，妳對他討心挖肺，他卻視妳為ＡＴＭ，而且身邊還有很多供應商，被騙財騙色的受害者，永遠不只妳一個。

以上五大類型渣男，欣西亞認為全是包了糖衣的毒藥，女人明明受盡折磨竟還甘之如飴，旁人勸說得趕緊遠離，妳還會幫他講話，認為全部是愛的象徵及表現。壞男人易躲，渣男卻難防，因為前者特徵顯性，不會刻意用溫柔來包裝自己，後者則多少

有些處心積慮，為了把妳留在身邊動用許多奧招。

我也要在這裡也要語重心長地告訴大家：「每個渣男的背後，都有一個不懂得愛自己的女人。」如果妳總是為了愛人，把自尊踩在腳底下，因為害怕失去，所以拚命吞忍，委屈求全直到迷失自我，男人看見妳不善待自己，自然會想一而再再二三給予虐戀，別怪罪別人一味的作賤，也要自我檢討是否給了他糟蹋的機會。學會愛自己，永遠把自己擺在第一位，談戀愛時才不致於成為廚餘回收桶，讓渣男這類牛鬼蛇神不敢靠近。

「親愛的，你跟多少女人上床過？」

我之前跟一個曖昧中的女生出去約會，本來氣氛很好，結果她問我：「你跟多少女人交往過？」我直接回答一個兩位數的數字。雖然當下她沒說什麼，但看得出來心情很悶，可見是我說錯話了。請問姐，我據實以告難道錯了嗎？

■

很多男人都希望女人像隻貓，既獨立又神祕，撒嬌的模樣令人愛不釋手，撒野的時候更令人血脈賁張。事實上，很多女人也期許自己在談戀愛的時候像貓，因為貓不像狗一般讓人呼之即來、揮之即去，比起死纏爛打，貓顯得高貴許多。但是，貓也不是毫無缺點，有句話說：好奇心殺死貓，再如何獨立自主，敗就敗在她們對於愈不該觸碰的事情愈想觸碰，對於愈不該知曉的答案愈想知曉。好比：男人的交往對象、男人的性愛經驗、男人的前任……。面對她這種看似無心卻是有意的提問，男人千萬不能掉以輕心，因為「問題」本身往往不是重點，「怎麼答」才是關鍵。答得好，床上有伴一起打炮；答不好，恐怕只有自己打飛機，所以必須謹慎作答。

面對性的問題，男人該如何回答，欣西亞提供你破解和應對之道：

一 你跟多少女人做（愛）過？（＝你跟多少女人交往過？）

「你跟多少女人交往過？」這句話，乍看下是問情史，實際上是在問男人過去性伴侶的數字。這個問題很弔詭，回答少了，顯得你沒行情；回答多了，又顯得你花心。

通常，會提出這種問題的女人有兩種：一是對自己具有自信，而且也肯定你在異性間有一定程度的魅力，會這麼問多半是想挑戰你的底線、測試你的反應，衡量兩人實力是否相抗衡，也可能是上床的邀請。

所以，男人可以回答：「我想數字應該跟妳的差不多，因為妳在我眼裡是很有吸引力的人。」假使你們還沒上床過或交往過，而她聽完後又笑得燦爛，可以試探對方是否樂意讓兩人成為彼此的收藏。

另外，也有女人是純粹為了問而問的，那種女人就叫做女朋友。對付女友只能用下三濫的奧招：你拿出紙筆，告訴她為了公平起見，所以兩人一起寫下經歷過的人名。當你開始頭也不抬地振筆疾書，下一秒她就會氣噗噗上演伸手奪紙的戲碼，此時她看見的，會是一連串的「我愛妳我愛妳我愛妳……」

二　你有約炮過嗎？

雖然問的都是性經驗，這題跟上一題的不同之處是：胯下單純的抽插VS.帶有情感的性交。女人在試探的是：男人的獸性有多少？淪為畜生的機率有多高？性對你來說是否不具任何意義？上床後會不會揮揮衣袖不帶走一片雲彩？

這題的答題技巧端看你對她的認真程度，如果你將對方視作一般朋友，甚至潛在玩物，約過不妨大方承認，怎麼約？約哪裡？約炮ＳＯＰ通通知無不言、言無不盡的分享，一來當作滿足她的好奇心，二來是在給暗示並行前說明：假使她哪天想約，你的流程就是這些，一清二楚。

如果你希望和對方發展成情侶，就算曾經約炮過，最好統統說「沒有」，因為承認弊多於利，而且就像打開潘多拉的盒子後患無窮。因為女人恐怕會窮追猛打繼續問：「那你有戴套嗎？」「你染過性病嗎？」「有女生因此而懷孕嗎？」就算你沒出過紕漏、清清白白，她也會覺得你骯髒、齷齪、下流。切記！當女人一旦覺得男人髒，他就不會有洗白的可能；當女人一旦覺得男人風流，他就失去當男友的資格，從此回家吃自己，別說我沒警告你。

三 我跟你前女友比，誰的床功好？

碰到這個問題，請你千萬別做出些許的停頓，或是流露出思考的神情。因為有停頓表示有思考，有思考表示有評比，有評比表示你正在拿她的功夫跟前任打分數！「嗯……」「唔……」支吾其詞是NG，「我想看看……」也絕對GG。更別傻傻地回答：「妳們各有所長！」將心比心，是說你也不想知道在女友前任裡，自己的老二長短或持久度排行第幾？對吧！此時此刻，最好的反應就是不假思索回答：「不要懷疑，能滿足我的絕對是妳」。

她的反應也許會邊樂得喜滋滋邊大發嬌嗔說：「討厭，你騙人。」但她爽、開心就好，而且你還可以順水推舟：「不信我們現在就可以證明，能讓我射得火樹銀花的，就只有妳呀baby……」然後立刻將她撲倒。

結論是幼稚的女人都喜歡挖坑給男人跳，她們愛挖坑是犯賤，男人跟著跳進去就是犯傻。當上述問題迎面而來，直球對決、正面迎戰通常不是最好的策略，閃躲和顧左右而言他才是最佳防備。雖說：誠實是上策，但這句話只說對了一半，附加條件是「要看對象，要視情況」，直白過了頭又敵我不分，誠實反而是下下之策。最後，我不是鼓勵男人說假話，而是要你們學習「見人說人話，見鬼說鬼話」；有些時候，三分樣說到七分像，還要說到連自己都深信不已。面對任何難解的問題，回答上差不多就抓到箇中精髓、遊刃有餘了。

哪些情況下，女人會跟男人主動提分手？

交往了三年多的女友，前幾天突然莫名其妙跟我提分手，兩人沒有吵架，也完全沒任何預兆，逼問她也只是說：「感覺變了……」「好像沒以前那麼愛了！」讓我根本摸不著頭緒，請問妳怎麼看？

■

兩性關係裡有句經典名言：「相愛總是沒有來由，但分手卻有很多藉口。」言下之意是，只要男人和女人看對眼，互相情投意合，有天雷勾動地火的觸電感，自然而然就會在一起，不需做多餘的解釋，分手，則恰恰相反。首先，它只需要一方起心動念，兩人就幾乎破局。而且，相較於「我愛你」就能為戀愛做結論，女人可以列舉好幾十條原因去說服男人放她自由。牽拖那麼多，只是盡量讓你不被甩得那麼莫名其妙。

所以，今天欣西亞想和大家分享的是：當女人提出分手，除了以「不愛了」作為總結之外，背後當然還有很多動機。究竟，哪些情況會驅使女友直接跟你切八段？請看以下分析報導。

一 她的視野被打開，自以為眼界變得不同

當一個女人見識過不同於之前人生的世界，就會突然覺醒，然後想要改變，此時，你便成了她提升自我的犧牲品。至於是哪些情況呢？出國、轉換職場、打工遊學等都有可能。我聽過不只一個案例，都是女友出國前還好好的，歸國後男朋友興高采烈去接機，結果直接在車上被分手。她在國外的時間愈長，愈有機會深入異國體驗文化，愈容易產生對原本生活的不滿及失落，有了比較，你的缺點在她眼中便被無限放大，自然萌生勇氣斷捨離。

二 她終於看清兩人價值觀的不同，不願再睜隻眼閉隻眼

很多時候，一杯咖啡就能看出彼此的價值觀是否同步。男人喝咖啡，是為了提神；女人喝咖啡，則是為了氣氛。所以「整個城市都是我的咖啡館」的小7CITY CAFE和有著綠色美人魚商標的星巴克，雖然價格天差地遠，很多女人還是會希望手上拿的是後者的紙杯。當遇上價值觀不同，如果她對你還有愛，或者你對她還有利用價值，女人自然可以忍。不過，如果這類問題不斷鬼打牆發生，而且身旁也出現了價值觀相近的候選人，她當然會開口提分手。

三 覺得彼此的相處一直存在鬼打牆、無解的問題

這個問題很可能只是芝麻綠豆大的小事，就是因為雞毛蒜皮，所以讓你忽略了它的殺傷力，但殊不知它卻可能是壓垮你們最後一根稻草。可能的狀況有：她對你忙於工作，壓縮到陪伴彼此的時間而感到不滿，但男生又遲遲無法做出改善。她對你的某

位異性好友特別感冒，再三溝通但男生卻依然故我。總之，如果情侶間常為了同一件事爭吵，每次吵都沒有結論，每次吵都吵不出個所以然，或是男人的解決策略永遠是拖時間，或是叫女友忍耐，那就必須要小心了！

四 搞曖昧的對象終於給了承諾

這個動機絕對是她出動，並開口提分手的排名第一。不僅是女人，對男人來說也是如此，也就是大家口中俗稱的「無縫接軌」。說真的，一段感情走到不上不下，滋味就會變成食之無味、棄之可惜的狀態。多數人寧願苟延殘喘，也不願動手畫下句點。此時，若跟搞曖昧的對象有了進展，對方終於告白，或給出承諾，有曖昧對象的人自然能毅然決然終結現階段的戀情。

無論你碰到的是哪種情況，或聽她給出什麼理由，都脫不了一個結論：她對彼此的關係感到厭倦跟疲累。此時，男人要做的，是尊重另一半的決定，如果女友說只是暫時分開，就算很想去找她，也請你千萬忍耐，給予對方想要的時間和空間，這也是一種努力挽回的方式，在這個時候勾勾纏，反而加大兩人分道揚鑣的機率。若真的變了心，那就不需要再苦苦挽回，而是繼續尋找真命天女，然後告訴自己：下一個一定會更好。

為何男女「溝通」常變成「吵架」？

每次跟男友講沒幾句，兩個人到最後總會起口角，他最常說：「我不懂妳要表達的意思？」這到底是我表達能力不好，還是他理解能力差？還是有其他問題……妳可以幫幫我嗎？

無論處於曖昧、談戀愛、同居，還是婚姻的階段，女人常面臨「不曉得該如何跟男人溝通」的難題。事實上，不僅只於溝通，很多時候，連單純的聊天都會因為一言不合而演變為吵架。事後回想，還覺得莫名其妙：「我根本沒有要跟他吵的意思啊！怎麼會這樣？」而且滿臉黑人問號。

首先，我們要知道的是，男女大腦的構造真有些許的不同，造成女人較重視感性，男人較重視理性；女人能夠一心多用，男人則是一心單用。因此，妳一定會發覺，當男人在看電視或打電動的時候，妳對他說的話他事後幾乎完全失憶、彷彿斷片。不過女人就不一樣，別說看電視，我們還能同時講電話，幫孩子折衣服，對老公發號施令，然後還留意爐子上煲湯的火候。此時，別以為我們沒在關心劇情，要是有人希望把故事複述一遍，我們還能講得深入其境、一字不差，彷彿特異功能。

另外，男女生從講話、聊天的動機，到接收訊息之後的思維，過程裡已經產生分歧，這樣的分歧自然會造成結果的不同與期待的落差。

傾吐，對女人而言不是只有說話那麼簡單，它也是建築親密感及信任感的一座橋樑。「我今天找這個人說話」、「跟這個人說哪些話」、「這個人聽到之後我期待他給予什麼回應」，其實都是經過精算和深思熟慮。換言之，無論是面對異性或同性，女人幾乎是慎選且重視自己訴說的對象，有些人甚至有「嘿！你被我選上了！讓你聽見了我心底的祕密及想法，表示你在我眼中是個特別的人」，所以，傾吐者多少也會希望自己能夠被對方如此對待。

男人就不一樣了。比起女人，男人不但較不擅長說話，就算遇上挫折或心情不佳時，他們多半不是靠傾吐紓壓。即使仍舊會找兄弟、朋友出來聚聚，但其功能是陪伴外加「練肖維」，也就是說，雖然會講話，但純粹打嘴炮，言談間講些風馬牛不相及的風花雪月，跟女人直指核心的訴說問題煩惱非常不同。因此，在兩性關係裡的對話，絕大部分都是女人採取主動，一見面先和男友把生活、工作裡發生的事報告一輪。此時，女人正在跟對方重溫親暱感，但男人可能多半用「點頭」或「嗯嗯」聲帶過，他可能有在聽，可能沒在聽，可能在想妳什麼時候說完，然後兩個人可以一起滾床單。因為，性愛通常才是男人對女人重溫親暱感的最佳方法。

由於上述的差異，當男女生成為被傾訴的對象時，當事人內心的感受也就大不同。女人會立刻明瞭這個時刻多麼具有意義，接著給予訴說者高度的專注力和集中力，試圖了解對方要講的故事，邊聽邊思考等下自己該如何回應？給予的回應多半會以同理心出發：「如果發生在我身上，我會希望如何被安慰？」「如何被安慰」大過「如何去處理」。

不過，男人的反應恐怕就沒有女人敏銳。明明妳已經開始講了三分鐘，他仍舊心不在焉，或沒停止手邊的事，電動繼續打，電視繼續看，直到女人明確說出：「我需要你專心聽我說！」他才可能暫停一切動作，然後正眼看妳。當女人鉅細靡遺訴說事情的細節時，男人腦袋思考的是：「所以……妳的重點是什麼？」「我該怎麼幫忙解決問題？」這時並非他們不具同理心，而是男人在溝通上較為實際，他們認為女人找自己說話是為了尋求幫助，但多數女人要的不是讓問題得到解決，而是「讓我講、聽我說」的整個過程。

因此，找男人溝通時，建議女人把對事件的敘述簡化再簡化，避免過多情緒化的字眼和華麗的詞彙。言簡意賅，甚至直接告訴對方妳的訴求，好比立刻停止讓妳不舒服的行為，或清楚明白說出希望他改進的目標。倘若妳只想要宣洩情緒，不妨先告訴對方：「我不是要你出手幫忙或救援，我只想要你聽我說！」或是「我沒有怪你的意思，你沒有錯，只是想表達我內心的感受。」

假使擔心自己被情緒牽引過於激動，建議請先找姐妹淘，約場下午茶或以喝咖啡聊是非的方式閒聊，妳可以暢快大聊男人的壞話，數落他的缺失，相信閨密一定樂意陪妳一鼻孔出氣，等稍微氣消後再面對另一半。另外，口述容易模糊焦點，我非常建議大家用文字傳達，並用條列式列出溝通事項，先給男人看過，讓他有時間消化，然後再共同討論解決方案。

最後，希望男人在女人長篇大論滔滔不絕時給予包容，女人找男人傾訴時盡量簡單明瞭，這並非一朝一夕就能達成，而是需要不斷練習。最後，建議男女雙方多運用文字的力量溝通。就我所知，像郭台銘的妻子曾馨瑩，就是用手寫字條的方式和大老闆老公溝通家務大小事，即使他們夫妻倆雖然年齡有差距，但感情仍如膠似漆，不難看出這個方法有一定的效用，大家有機會不妨試試看哦！

男女間，究竟有沒有純友誼？

請問欣西亞，妳認為男女間到底有沒有純友誼？

■

男女間究竟有沒有純友誼？這個流傳千古的疑惑是很多人喜愛討論的話題，我也時不時在信箱裡看見讀者的提問，而且通常都是擔心另一半因為「動機不純」才結交異性朋友，深怕他的紅粉知己成了介入感情的第三者，或是乾哥、乾弟成了讓自己戴綠帽的小王。這個問題欣西亞認為並沒有標準答案，因為答案因人而異、見仁見智。怎麼說？請看我的分析。

普遍來說。相信男女間沒有純友誼的普遍劃分成三種人：一是不相信男人，二是不相信自己，三則是不相信他所結交的異性朋友。

第一種人「不相信男人」

這多半是出於對男人的不安全感，認為男人天性就跟貓兒一樣愛偷腥，不搞七捻三就對不起自己。這種類型的人談戀愛往往會很辛苦，因為美好的感情必須建立在足夠的信任上，由於自己的不安全感，頻頻懷疑對方的所作所為，試圖用查勤、奪命連環 call、調閱行車記錄器等方式，監督對方的行蹤，或是有事沒事找架吵，怪罪對方沒能令人放心（一隻手指責別人，其餘四隻手指正指向自己）。結果，就算對方和他的異性朋友真是純友誼好了，最終也會被女友的疑神疑鬼和歇斯底里逼瘋，進而出軌，然後再言之鑿鑿地嚷嚷「男女間沒有純友誼」，這根本是導果為因。

當然，看到這裡應該會有人說：「我不相信男人是因為男人不值得相信！」我也覺得這是雞生蛋、蛋生雞的羅生門。大部分的人會從自身經驗去為事情做結論，但這個結論並非全然是對的，它只是妳個人生活經驗的總結。一直碰到男人偷吃就總結天下男人都偷吃，其實是邏輯上的謬論，對人生也沒有幫助，靜下心檢討自己，多訓練看人的眼光免得一直在識人不清中重蹈覆轍，才是有益的做法。

第二種人「不相信自己」

這種人是因為情愫暗生，另有目的，才和異性往來。說穿了就是「我對你有好感」、「我被你吸引」（這種吸引可能是性、愛情、錢、地位、升遷……都有可能）才跟男人當朋友，否則幹嘛浪費時間在他身上?老娘又不是時間多。就因為結交異性朋友的動機已經不純，因此自然不相信男女間會有什麼純友誼，「因為她本身就不是男女純友誼的信徒！」

又或者，此種人大概也不相信什麼永恆不變的愛情，「是人都會變」為信仰宗旨，因此談戀愛時，與其管教另一半，不如先管好自己，因為難保感情變質的究竟是誰，先求己，才不致於對不起別人。

第三種人「不相信對方所結交的異性朋友」

說穿了這種人就是雖然相信另一半，對自己也有信心，但始終無法對外來的異性卸下心防。這種人有些自相矛盾，若對彼此很有安全感，又何需顧慮他身旁的異性朋友呢？然而，他們會認定「第三者處心積慮」，令人防不勝防，好比：「男友跟她出去，結果被灌醉然後就鑄成大錯」或是「她主動投懷送抱，男友無招架之力」等等，這類藉口難免使他們考慮再三，最後乾脆不准另一半和異性往來。

最後，男女間究竟有沒有純友誼？這很難一言以蔽之，若硬是要欣西亞作答，我會斬釘截鐵和大家報告：「肯定有！」各位有所不知，「純友誼」三個字首當其衝，就存在於「已婚夫妻」間吶！而且，婚齡愈長、愈老夫老妻的，彼此間的友誼就愈堅定，有些甚至結婚還不到三、五年，彼此的情誼就像是認識二十以上的老朋友一般友誼長存、日久彌新，同睡一張床都不會有任何歪斜的念頭產生，「蓋棉被，純聊天」，完全超越一般男女之情呢！（結婚的人看到這裡是不是點頭如搗蒜？）

假使是單身，朋友之間也存在太多的因素和差距，光就年齡，我身旁就有很多男女生有長輩級的好友。另外，性別多元也打破對於男女的定義，很多人的好姐妹是同志，也有很多人的密友是蕾絲邊。總之，談戀愛，最起碼的信任不可少，如果對所處的兩性關係缺乏安全感，企圖用控制的態度駕馭對方，那才是令人想逃之夭夭的窒息式愛情。

點評十大「完美男友」條件

我在網路上看到有個十大完美男友條件調查，欣西亞妳怎麼看？

根據網路媒體調查，台灣女生心目中的完美男友必須具備以下十大條件，還信誓旦旦說假使遇上，那真是可以嫁了！然而，這些條件在欣西亞眼裡，看似美好，卻充滿了瑕疵與破綻，秉持著「一巴掌呼醒你」之精神，我將個人的點評註解給大家，讓女孩們不致於看見這些條件就急著「婚」頭，免得在結婚證書上簽字畫押後，才恍然大悟自己簽的，其實是張賣身契。

一 有錢：有錢又怎樣？有錢還得願意把錢花在妳身上才是好棒棒

無論是富二代還是白手起家，男人有錢還真不代表一切。首先，含著金湯匙出生的，經濟大權通常是握在他爸媽手上，倘若嫁進去，妳得討好的，就不會只有老公一人，而是他們一家。通常有錢人又不見得慷慨，結果做牛做馬，得到的金錢換算成時薪，跟便利商店兼差的工讀生差不多。如果是小開，有的寧願把資金拿去拚事業，也不願投資在女友身上，因為覺得CP值不高。錢，妳看得到卻花不到，一定超級吐血。

二 長得帥：男神天天看也是會膩的OK？而且中看不中用更可怕

別說看到膩，再帥的男人，終究有年華老去的一天，隨著歲月流逝，他會變成怎樣很難預料。妳最好祈禱對方沒有遺傳性禿頭，好啦！就算沒禿頭，髮線變高已經很嚇人了，看看裘德洛，令人不勝唏噓。另外，很帥、很暢秋，走路都有風，但是，如果起秋很勉強呢？所謂「金玉其外，敗絮其中」，長相真的不代表一切。

三 幽默：這個我同意，而且它應該排名第一

找個會逗妳開心的男人很重要，但會逗妳開心的男人卻不好找。就如同很多線上男藝人講話都超好笑，但他們不見得回家會願意逗另一半開心。

四 有車：想要溫馨接送情，那計程車司機最適合妳

現在時機歹歹，有車的男人搞不好在下班或假日都兼職開 Uber 了，哪裡還有空載你到處跑到處玩？這是很現實的問題。如果他載客人有錢賺，那幹嘛花時間去載妳？

五 記得妳的生理期：那是因為他在算什麼時候可以中出

當然，我相信也是有貼心的男人在女友的生理期間嘘寒問暖，但這跟他幫忙算安全期並不衝突，反正一石二鳥。懂得掌握女友的生理狀況，就會知道何時能夠不戴套內射，何時閃躲你暴躁的情緒化。

六 孝順：媽寶，下一位！

不是說孝順不好，我當然也希望老公對家人好，懂得如何侍奉雙親、善待父母。但是，女孩們還是要觀察對方盡孝的程度到哪裡？切記！今天他事事以家人為優先，你就永遠不會是他的難波萬。

七 會幫妳扣安全帽：我倒覺得願意蹲下來幫妳綁鞋帶更為感人

其實我認真覺得幫忙扣安全帽實在不算什麼，年老時願意幫妳推輪椅、翻身、拍痰……那才更實用。不過，也許很多女生會覺得：要我年老半殘時，才能享受男人的貼心，也未免等太久了吧？因此，幫忙扣安全帶，或是在妳不方便的時候，屈膝幫妳綁鞋帶，都很值得肯定。還有，女生也別忘了要同樣對男人暖心付出哦！

八 會幫忙做家事‥等等！家不是兩個人的嗎？

如果一個男人覺得幫忙做家事就是好男人，那他內心已經認定家事是妳該做的，一點都不好。這點會上榜我感到非常驚訝！因為這些條件都是女人投票出來的，等於說很多女人已經認定家事是女生該做的，這問題很大啊！

九 主動幫忙剝蝦‥他根本在幫自己做公關ＯＫ⁉

有些男人就是愛在公眾場所幫自己做公關，妳以為他是體貼，但實際上他是做給其他女人看，故意幫自己建立「我很寵愛女友」的名聲，然後對別的異性釋出：「如何？想不想也跟我在一起啊？」的訊號，等有人投懷送抱，就藉機偷吃。

十 床上功夫一流：如果靠自己DIY就能做好做滿的事，何需找男友？甚至炮友？

男人床上功夫一流，很可能就會到處顯擺、炫耀，忍不住揪團「獨樂樂不如眾樂樂」，一起分享他的長處。因此，床功一流不如人品一流。另外，都什麼時代了，女人的高潮如果還肖想讓男人來創造，那就太可惜啦！我很鼓勵每個女孩都熟知自己的身體開關，讓性福就掌握在自己手裡。

看完上述分析，希望大家不要覺得欣西亞在潑冷水，結論是：無論遇到什麼樣條件的男人，女人都要當自強。甚至，讓自己具備吸引好男人的十個條件，那才能讓男人惹不起也戒不掉。

十大辨識已婚男的方法，不讓妳莫名其妙變小三

我要怎麼知道跟我談戀愛的男人他不是已婚？說穿了，女人要如何判斷自己不是小三呢？

說到「小三」這個名詞，對人妻來說，比撞車或撞鬼更令人惶恐，對單身女性來說，也多是避之唯恐不及，說穿了，撇開那些喜歡挑戰道德底線、願意作賤自己、自甘墮落的女人來說，天底下很少有女性願意當小三，就算是疑似而被貼上小三嫌疑犯的標籤，都會覺得名譽受損。尤其第三者介入別人婚姻，大多不被世人接受，一旦東窗事發，除了老

婆究責，必須面對一連串的民事賠償，也難逃被眾人指指點點的批判，多數人對這兩個字自然敬而遠之，能躲就躲，能閃就閃。

不過，有些女生的狀況是，她根本不曉得自己是第三者，以為只是愛情降臨，是男未婚女未嫁，是正大光明談戀愛，誰知道卻因為男生刻意隱瞞人夫身分，讓自己被貼上小三的標籤，能快刀斬亂麻事小，被元配發現然後提告事大，明明和正宮同為受害者，機遇卻大不同，令人不甚唏噓。所以，如果不想貿然成為小三，辨識已婚男的能力不可或缺，但究竟要如何辨識？以下方式，提供給大家參考。

一 直接檢查身分證

大家都覺得要求查看身分證配偶欄似乎很詭異，但我覺得若這男人既清白又負責任，他是能夠理解的。時機可以是當兩人已經談論到正式交往時，既然都要認真考慮或點頭答應了，何不乾脆把這件事也順便要求。這跟結婚前先進行身體健康檢查一樣，優生學需要被重視，單身證明自然同等重要。

二 觀察左手無名指

第一步當然是觀察男生有沒有戴婚戒？倘若沒有戴婚戒，那左手無名指戴婚戒的部位，是否有一圈膚色較白皙、不暗沉？有些男人會為了塑造自己單身的情況，刻意把婚戒拿下來，但如果他長期戴著婚戒，就算戒指拿下來，那一圈也會因為曬不到太陽留下較白皙的膚色而露餡。

三 跟妳的自拍照從不上傳，合照也不能 tag

從不上傳和妳的自拍照和合照，還不給 tag 分明心裡有鬼，如果妳每次約會都 tag 對方，但男人卻從來都不讓照片秀在自己的社群軟體上，妳內心就應該警鈴大作。即便他確實單身，卻隱瞞跟妳交往的事實，那也要懷疑他對這段關係的誠懇度。

四 **檢查FB的好友建議**

我有讀者就因為這樣，進而拆穿已婚渣男的偷吃行徑。FB有個「建議加好友/你可能認識的朋友」的功能，可以利用這個功能查看異性朋友的大頭照，然後瀏覽一番，看看妳和對方的共同好友是誰，如果妳跟某位女性的共同好友只有此男，搞不好她就是此男的配偶也不一定！

五 **他開的車是休旅車或箱型車**

單身男比較不會去開大容量的車子，會開休旅車或箱型車的男人通常有要載全家人的需求。如果車上還有兒童座椅，那身分是已婚不說，而且連小孩都有了。

六 **他皮夾內的現鈔不多**

現鈔不多的原因不一定是他賺得少，而是老婆給的零用金不多。畢竟「男人有錢才不會亂作怪」讓許多人妻奉為圭臬，給老公花用的現金自然少之又少，這點請妳務必偷偷檢查。

七　從不帶妳回他家

熱戀剛開始時，跑摩鐵製造情趣算正常，但日子久了，寧願花錢上賓館或hotel，但就是不帶妳回家，即使妳要求男人都是推託其辭、言辭閃爍，八九成肯定有鬼。

八　年節放假通通不能陪妳過

那是因為他要陪太座！或是雖在重要節日能夠陪妳，卻無法陪完全程，只能抽出短短幾小時陪伴，可能是因為其餘時間他都必須陪家人。

九　早過了適婚年齡

為什麼早過了適婚年齡卻還沒結婚？他可能會告訴妳：「因為還沒遇到合適對

象……」但有沒有可能是結了婚，只是不方便說？

十 對「爸比」、「把拔」的稱呼竟然會有反應

很多夫妻在孩子出生後，對彼此的稱呼就不會用名字或暱稱，反而會習慣用「爸比」、「把拔」呼叫彼此。因此，偷偷在他沒有防備時喊他這兩個稱謂試試看，如果他會應聲，表示……他真的有家室了！

以上十點，當然不是只要中其中一項，就表示對方是人夫無誤，而是希望各位女性提高警覺，不要男生沒說，妳就直接當他是單身，或是當他信誓旦旦告訴妳：我們是男未婚女未嫁，就整個人立馬撩落企。我知道愛情使人盲目，但在最容易鬼遮眼的時刻，還是要努力清醒一下，睜開眼睛檢視眼前正在跟妳談情說愛的男人，倘若發現他真的已婚，立即抽身是明智之舉。切記！別讓自己愈陷愈深、一錯再錯，鑄成不可收拾，甚至人財兩失的局面，那就得不償失了。

老婆是用來疼的，老媽是用來訓練的

我很羨慕妳嫁了外國人，因為國外好像沒有婆媳問題。我婆婆很喜歡臨時交辦事情，每次要求都來得很突然，也期待我使命必達。請問，要如何讓婆婆戒掉愛對我出任務的壞習慣？

■

看到這位苦主的來信，欣西亞一定要先認真呼籲：不是嫁給外國人就沒有婆媳問題，想當初欣西亞嫁去美國時，也一度遇上和公婆的磨合障礙。只不過，我個性比較心直口快，有什麼說什麼，比較不會悶在心底，有溝通就會有交流，老公Shane也都會主動出面協調，久而久之，便比較抓得到相處的眉角。

有些婆婆擅長擺架子，可

能是歷經過媳婦熬成婆的過程，心態上覺得不擺擺架子，沒有身為婆婆的派頭就是對不起自己，採取的手段諸如：教導媳婦待人處事、給媳婦下馬威、糾正媳婦做家事或做菜的習慣等，苦主口中的交辦任務，也是其中一項。反正，就是把自己當老闆，對媳婦頤指氣使以證明自己的婆婆身分。問題就在於，夫妻是生命共同體，牽一髮而動全身，婆婆單方面找媳婦溝通或交辦事情，容易造成兒子狀況外，出事了，媳婦被罵成臭頭，然後回家再把悶氣出到男人身上，反而造成家庭失和。

如果希望婆媳和平共處，家和萬事興，我有三點建議：

一．身為婆婆，當要交辦事情時，窗口請對兒子。

二．身為老公，告訴你媽你才是她的窗口，請勿越界。

三．身為老婆，請老公務必確保上面兩件事情的發生。

請世間婆婆取消直接跟媳婦對話的陋習，因為直接對話就會衍生出許多問題。好比我朋友曾經碰上婆婆在聚餐前最後一刻，發LINE要求她去市場買東西，順便在聚餐時順手帶去給她。假使為了使命必達把東西生出來，勢必會影響跟老公的schedule，她如果出門買，男人恐怕會雞歪說出：「那孩子怎麼辦？」「誰來帶？」「我不要照顧！」這種不是人的話，同時她如果不出門買，那就是等著被婆婆嫌棄。如果當初婆婆直接找兒子對話，橫豎要先過兒子這關，男人怕麻煩十之八九會先回絕掉，婆婆從此閉嘴，老婆也能置身事外。因此，若要婆婆戒掉突然出任務的壞習慣，苦主的老公必須挺身而出，問題才有得解。畢竟媳婦拒絕婆婆，叫不孝，兒子拒絕老媽，叫合理。

很多男人常抱怨婆媳問題一再發生，自己夾在其中變人肉三明治好尷尬，容我說一句：只有沒guts的男人才會落得這般下場，願意挺身而出有擔當的，真的不會有婆媳問題！因為在問題產生前，他已經做到滴水不漏的預防。

我的男性好友有句名言：「老婆是用來疼的，老媽是用來訓練的！」他跟老婆的共識就是槍口一致朝外，包括媽媽在內。母親大人要做什麼，請找他，母親大人要交代什麼，請跟他說，如果娘親總是學不會，那他就負責把她訓練到會。這個 system 在婚姻裡非常有用，因為如果先經過老公的把關和過濾，老婆會覺得另一半有先幫忙設身處地的想過才答應，要執行也是兩個人的事，而不是一個人單打獨鬥。有老公的參與和加入，事情真的會順利很多，奇摩子才會好。

因此，從現在開始，請老婆要求老公開始訓練老媽直接找他對話，有什麼事，找兒子；想出什麼任務，請兒子做。老公如果答應了，那就自個兒想辦法完成，老婆如果願意幫忙，那是老婆英明；老婆如果想置身事外，那是她的權利。切記！男人唯有學會 hold 住跳 tone 的媽媽，老婆的日子才會好過，老婆好過，老公日常生活才會輕鬆，家庭才會幸福美滿。

男人外遇是為了維持婚姻，女人外遇是為了終結婚姻

親愛的欣西亞，男人和女人婚後為什麼會外遇，他們的動機是什麼？要的東西有不一樣嗎？

■

國外有位兩性專家曾在演講時曾公開發表：「男人外遇是為了要維持婚姻，女人外遇是為了要終結婚姻」的論述。雖然不能一言以蔽之說明男女外遇的動機就是如此，但我認為多少八九不離十，而且和性愛分離或性愛合一有著很大的關係。

說到性愛分離，男人通常比女人更擅長，所以他們對於自己在外面偷腥的行為，視為

純粹找樂子、尋刺激；「雖然吃家常菜比較習慣跟合胃口，卻免不了偶爾想來點野味，試試不一樣的味道及口感！」我身旁的男性友人如此詮釋。如果妳問他這味兒究竟是什麼？他會說是新鮮，然後再進一步解釋：「老婆給我的滋味曾經也很新鮮，但吃久了就膩了，當初活跳跳的鮮味成了中規中矩的家常菜，所以才偷吃。」

跟別人有肉體抽插，只要不動情，靈肉分離，和婚姻忠誠就不互相違背。至於，為何搞外遇是為了維持婚姻？男人也有自己一番見解：休息是為了走更長遠的路，找小三的概念大概就是如此。她提供了一個溫柔鄉，裡頭沒有現實，不用過日子，跟她一起不需面對生活，而是做一場夢。在平淡的夫妻日常中穿插，像是中場休息一樣，和她抽插充完電，才有精力回家面對現實中的柴米油鹽。

說穿了，有些男人在婚姻裡，比起女人，還是比較大的既得利益者，因為有老婆幫他持家、洗衣、煮飯、燙襯衫、顧孩子等，所以他才能無後顧之憂，「穩定中求發展」——在穩定的婚姻關係中向外發展。否則，假若單身，拚工作都來不及了，沒有另一半的悉心照料，哪來西裝筆挺去招惹看對眼的異性？是吧！換句話說，已婚男人的魅力，多半是因為「婚姻」才衍生出的，他們的吸引力，是「老婆」創造的，沒了妻子，他哪裡有時間去塑造玉樹臨風的形象？沒了家庭，他哪裡有場合扮演好先生、好爸爸？若不是結婚，他哪裡有機會為自己加分。所以，多數男人外遇是為了維持婚姻，因為沒了婚姻，他很可能根本什麼都不是，不離婚，是因為家花跟野花的好處他都要享受，家花跟野花的優點，他都要全拿。

女人明顯不同，多數女人外遇是為了要終結婚姻

首先，我覺得女人要偷吃需要極大的勇氣，因為一旦東窗事發，她得面對三種失去：一是老公，二是孩子，三是人格清譽。

首先，比起多數老婆願意挽回外遇的老公，很少有丈夫會原諒偷人的妻子！畢竟被戴綠帽是極盡羞辱的事，若要他回收，面子拉不下，自尊心也掛不住。而且男人多

是家中經濟收入的主要來源，有沒有另一半，對家庭生計幾乎沒有影響，但女人偷吃在先，若再加上離婚後無法負擔孩子的生活費，很可能就會失去監護權。最後，社會對男人出軌的包容力還是比較大的，若是女人，下賤、破麻、淫蕩……種種羞辱和難堪的字眼得照單全收，她得付出人格名譽全毀的代價。因此，基於上述種種，面對外頭小王的誘惑，人妻一定會先深思熟慮，仔細權衡輕重，並且做好最壞打算。不像男人一下子讓龜頭控制大腦，畢竟外遇被抓包，她失去的可能比得到的多。

所以，若不是有終結婚姻的覺悟，一般女人大多不會，也不敢外遇，付出的代價太高了！另外，就是女人較傾向於性愛合一，就算她當初懷抱玩玩的心態，也會因為有了肉體關係而對小王產生依戀。假使此時孩子大了，不需母親照顧，可以獨當一面，她對老公也不再有情，連經濟都能自給自足，對不幸福的婚姻自然是忍無可忍，無需再忍，直接選擇跟別人遠走高飛。

男人外遇是為了要維持婚姻，女人外遇是為了要終結婚姻。雖然不能用短短兩句話結論男女出軌要的究竟是什麼，但我覺得也不失其參考價值，而且有幾分道理。無論如何，外遇不能合理化，想繼續遊戲人間，嘗盡新鮮野味，就別輕易簽字畫押，踏入婚姻。如果在婚姻中遇見自覺更好的對象，有種，就先離婚，也別腳踏兩條船。

婚外情的小三和人夫之間，會有真愛嗎？

親愛的欣西亞妳好：請問發生婚外情的男人，和小三之間，真的會有真愛嗎？

婚外情，在夫妻的婚姻世界裡層出不窮，在社會裡也愈來愈常見，當我們滑開手機或點開網頁，幾乎每三、五天就有名人偷吃或因為另一半劈腿，憤而行凶的新聞事件。

欣西亞自從開放線上諮詢服務以來，曾有許多人妻紅著眼眶，在我面前泣訴丈夫種種的外遇行為，被背叛的感受已經痛不欲生，但是最讓她們痛苦的，是丈夫口口聲聲宣告：

跟小三間是真愛，請求配偶離婚，成全她們這對「有情人」。別說老公，有些第三者也會主動現身，打著真愛的旗幟，嗆聲「愛情裡不被愛的才是第三者」，要求原配退出。就算老公和小三都沒表態，老婆也會在午夜夢迴，邊在腦海回想他們的親密簡訊和互動，邊思索這個問題，而將自己更推向萬劫不復的深淵。

關於這個提問，我能夠斬釘截鐵告訴各位女人們：絕大部分的婚外情，雖然有情，但終究不是愛，既然不是愛，那就更遑論是真愛，一切也只是激情而已。

不過，首先我們要探討的是：什麼是真愛？

它並非像磁鐵一般「同性相斥，異性相吸」如此簡單，這八個字在男女間充其量只能說是互有好感，或是性吸引力。從互相看對眼，情愫暗生，進而產生愛戀，真愛還必須擁有兩個要素：一是必須經過一定程度的考驗，二是能被攤在太陽下見得了光。

前者是一種同甘共苦的體驗，共感共鳴的體悟，後者是能接受眾人檢視評判的自信，也是光明正大的坦蕩。俗話說真金不怕火煉，大火淬鍊之後的金子才配稱得上黃金，那麼真愛也是，若沒有真實人生的砥礪，現實生活的磨練，缺乏柴米油鹽調和後的雜陳五味，充其量也只是一個金玉其外、敗絮其中的爛糖果。糖果雖甜，嘗久了卻會膩口，吃的當下很可口，但欠缺營養，既然沒有養分，如何長久滋養彼此？男人和小三相處不是朝夕，而是以小時計，約個小會上個摩鐵，是互相陪伴打發時間，和牽手過日子仍相去甚遠，說這就叫做真愛，我也只能說：「別傻了唄！」

真愛也是能上得了檯面，可供眾人檢視。

雖說談戀愛是兩個人的事，但如果某一方得永遠活在黑暗裡，無法被帶出場，浮不出水面，跟對方交往只有「天知地知你知我知」，對愛得比較少的人來說，就是種責任免責權。好比有人會討論「為何有些小三的外在條件不如正宮？」那是因為男人認為她不需要站在身邊拋頭露面，沒被看到長相，就不會有人質疑他的眼光，沒有質疑，他就不需要站出來捍衛所愛，反正自己看起來順眼，用起來順手就好。這種情況不一定只存在於偷情的世界裡，在兩性關係裡也頗為常見，只要愛情不需要對任何人交代，自然不用對另一半負責，是不需要承擔責任的兩性關係。同理，這種關係在「約炮」裡也很常見，是一種還稱不上是男女朋友的談戀愛，既然頂多符合炮友資格，最多只能被定義為「做愛」，不能叫做「愛」，更不能叫做「真愛」。

然後，也有原配會問我：「當男人口口聲聲說跟小三是真愛，妳又怎麼看？」

人性是往往是這樣的，當一個人說出與事實不符的話，要嘛就是他搞不清楚狀況，要嘛就是他想為外遇合理化。男人在被激情沖昏頭的時候，母豬都能賽貂蟬。既然這個階段的他正被鬼遮眼，說出的話難道還能當真嗎？又，外遇最常見的手段就是「以愛為名」，因為用愛包裝的醜陋最沒有不堪，很多時候男人出軌，貪圖的確實就是青春和肉體，但這樣太違反道德，也把自己降格為畜生，所以打著愛的旗幟，告訴小三他愛她是真的愛，告訴老婆他出軌也是真的愛，而且這樣講最能減低自己純粹發洩獸慾的罪惡感。所以當他再三強調「小三是真愛」，不是說給兩個女人聽，而是為了說服自己：老子沒那麼禽獸。

婚外情的男人和小三就算有愛，那也很短暫，而且往往不攻自破，因為就在小三害怕失去的患得患失之間，那份愛早已在無形中被磨損掉。幾乎沒有男人受得了女人的嫉妒心，或者一直跟他擺臉色或鬧情緒。另外，當外遇被抓包或拆穿後，小三和人夫之間的關係往往也會遭受撼動，甚至變質。因為偷情的刺激蕩然無存，不倫的黑暗有了縫隙，透進道德輿論的光，當浪漫的七彩泡泡在陽光下自爆，一切幻夢都成了泡影，被迫面對現實時，就是清醒的開始。

最後，老公和小三間，究竟是不是真愛，其實一點也不重要！重要的是「**妳跟妳丈夫之間是否有真愛**」才是各位人妻該探討的點。因為那是你們婚姻的地基，你們婚姻的堡壘，也是外遇過後修復關係的基石，倘若對彼此的真愛還存在，才能真正化危機為轉機，一起攜手度過難關。

如何在男人出軌後，重建對他的信任？

欣西亞妳好：最近發現結婚三年的老公出軌了，對象是他業務上的客戶。這讓我很痛苦，雖然他跟我發誓說不會再犯，但我每天都在擔憂他是不是又會做出對不起我的事，無時無刻都在胡思亂想，請問我要如何重建對老公的信任？

■

在網路發達和速食愛情的現代社會，出軌似乎已經是司空見慣的事。有句話是：結婚是戀愛的墳墓。對已婚的人來說，如果真是如此，那還有一堆小三前來盜墓，防不勝防，實在辛苦。以前年輕時，只要談到另一半偷吃，多數人採取的態度不外乎是「鞭數十，驅之別院」，立即手刀斷捨離。不過隨著年歲增長，踏入婚姻之後，有了孩子，更多人考量到家庭的完整性，考量到經濟壓力，再加上有這麼長時間來的相處，就算他感情不忠，也不是說放手就放手。於是，倘若妳決定原諒，為彼此再努力一次，如何重新建議信任？將是要學習的第一步。

首先，我必須開宗明義地告訴妳：信任的重建，並不是妳一個人單打獨鬥就能做得來的事，它需要兩個人同心協力，要夫妻雙方共同努力，才能看到成果。說穿了，出軌的是老公，破壞信任的是男人，老婆想原諒，想修復信任基礎，對方自然不能置身事外。倘若他毫不參與修補的過程，給不出該有的態度，拿不出該有的誠意，做不到該有的改變，只是嘴巴上一味懇求妳再給他一次機會，說服妳再次對他的信任，甚至要求妳別在疑神疑鬼、想東想西，不但不切實際，也根本強人所難。因此，如何在遭受背叛後重建信任，另一半是成功的關鍵，切勿把這個重責大任往自己身上攬，他必須向妳證明：我值得妳在我犯錯後，再度把心交給我，因為這一次，我不會再犯，更不會搞砸。

第一步是和對方深談及溝通。是什麼原因導致他出軌？他是否真心想回來？如果承諾沒有下一次，雙方能夠努力的點有什麼？

也許妳會覺得男人偷吃就是胯下癢嘛！自我控制力不夠、意志不堅嘛！不自愛等等。然而事情的發生，彼此確實都有責任，不是要妳自責，他的偷吃不是妳的錯，但女人卻可以藉由這次機會了解自己能做出哪些改變，以堅定彼此的關係。另外，男人和女人對出軌的定義大不同，發生肉體關係對他們來說很可能只是情慾流動、逢場作戲，與拋家棄子還有一大段距離。先釐清他的動機，對日後的關係修復更有方向。

在討論的過程裡，我鼓勵女人開條件，明白說出如果要再次獲得妳的信任，妳會希望男人做到什麼。這些事情見仁見智，有人會在初期要求老公不能漏接電話，一旦漏接必定得找空檔回撥，或是下班立刻返家，不許在外逗留；或是將每月薪水全數交出來，掌握金錢流向自己才有安全感等。至於合不合理？可不可行？要看你們討論的結果，以及他願意彌補的誠意。總之，我鼓勵女人在此時將自己的要求明白條列，別顧忌是否太嚴苛太過分，先提出，看看他怎麼做。

在重建信任的過程中，隨時將自己的感受表達給對方知道。像是：總是沒來由就落淚，一個人獨處時會莫名心慌，會害怕他是否正在做對不起自己的事……都能找機會表達讓他知道。妳可以用：「我不是在找麻煩或翻舊賬，我只想你聽我說……」當作開場白，用傾吐訴說，或是用書寫的都可以，讓男人知道妳只是希望他成為訴說的對象。也許說出來目前還無法改變什麼，但情緒有出口，讓對方接收妳的情緒抒發，也是重建信任的一種方法。

電影的NG是為了下一個更完美的鏡頭，婚姻也是。當婚姻觸礁，它不一定完全是壞，請將它視作一個可以進步的機會，遇上問題，請面對它，解決它，放下它。逃避或避而不談，不但於事無補，也會加深縫隙。夫妻一同走過人生幽谷和低潮，暴風雨過後的天空將更加清澈，共同解決問題的兩人將更為緊密，未來也會更加燦爛。

老婆要跟我離婚，十個提高挽回婚姻的方法

我跟我老婆結婚滿十年，目前育有二子，原本是幸福美滿的家庭，卻因為小王的介入一切變調。雖不清楚妻子和對方交往了多久，但我明白告知會原諒她，希望老婆能重返家庭，然而她就是執意離婚。請問，我該怎麼做才能讓她回心轉意？

這則來信相當長，為了篇幅，也為了保護當事人隱私，我省略了許多細節，以重點的方式整理如上。字裡行間，我深切感受到這位人夫的徬徨無助，一個家庭的建立不易，如果又有孩子，那麼牽扯出的問題恐怕更多，出軌的另一半竟選擇跟小王遠走高飛，更是雙重打擊。在欣西亞諮詢服務的疑難雜症裡，我發覺尋求「挽回」和「復合」幾乎位居排行

榜的第一名，可見多數人都不願輕易放棄愛情，也想為婚姻做更多努力。

這讓我想到，在美國，如果要成功戒酒，有所謂的12步驟（12 Steps of Alcoholics Anonymous），有酒癮的人若依序走完程序，大多能成功。那現在我也要提出挽回另一半的十大要項，雖不保證一定能讓苦主成功挽回婚姻，但起碼提高復合的機率。

第一．控制好情緒

遭受背叛，相信心情一定是火大、悲憤、難過，要不愁眉苦臉，要不宣洩在犯錯的另一半身上，無論是哪一個，切記深呼吸，盡量保持情緒平和，維持生活正常運作。畢竟，對出軌的老婆發火於事無補，也更把她推向小王身邊。

第二．整理好儀容

很多男人此時因為情緒受挫跟沮喪，完全沒心情打理自己，鬍子不刮、儀容不整、蓬頭垢面……整個人看起來憔悴不堪，看上去跟喪屍沒兩樣。若是在平時，可憐兮兮也許能激發女人的母愛，驅使她跟你在一起，但在她心裡已經住了另一個人的情況下，落魄潦倒只會使女人更確定離開你是正確的決定。因此，請你振作，盡力維持人模人樣，不僅是因為讓老婆看了不討厭，更別忘了你的競爭者還有小王，這點非常現實。

第三・生活別糜爛

很多男人不知如何為情緒找出口，就會藉由酗酒、熬夜，甚至用嗑藥來麻痺自己。以上行為看在女人眼裡都是魯蛇的表現，你都忙不迭自我糟蹋了，根本暗示老婆跟小王可以放膽蹂躪。男人不自愛，便無法說服女人的情感，你必須向她證明自己仍舊值得被愛的，請從愛惜自己開始做起。

第四．不要指責

很多人的策略是指責外遇的那一方，企圖用對方的罪惡感挽回一切。問題在於，外遇的女人受到指責通常會採取三種行動，一是逃避，於是更堂而皇之投入第三者的懷抱。二是擺爛，事到如今她毫無動力修補關係，更遑論跟你一起解決問題。三是既然你這麼恨我，那就趕快簽字還等什麼呢？於是更力求說服你離婚。此時，指責對挽救婚姻真的於事無補，既然問題發生，那就把重心放在如何解決。

第五．不要哀求

求她留下來，求她不要走，這種無意義的哀求只會讓她覺得你很窩囊，男人令女人覺得窩囊，她就會瞧不起你，更會對你失去尊重，反而更不想回家。

第六・別想著你為她做多了多少

想這些只是在傷口上撒鹽，在這樣的非常時期，思考能為「彼此」做些什麼才最重要。

第七・有效溝通

跟老婆坐下來好好談談，她在婚姻裡的真實感受是什麼？你能做哪些改變讓她考慮留下來？不過，倘若只有兩個人討論，十之八九成效都不高，溝通不成，還可能一次又一次演變成爭吵。建議最好在專業第三方的陪同下進行溝通、協商，才不至於浪費精力跟時間。

第八・理性討論

好，如果老婆真要離婚，那就來談談離婚該有的準備及規劃。孩子的監護權、生活費的著落、共有財產等該如何分配？此時，她可能會發現這段婚姻裡還有值得讓她留戀的東西，以及離婚後衍生的問題，不是拋夫棄子說走就走那麼簡單

第九．找婚姻諮詢

請老婆跟你一起接受專業的婚姻諮詢。她可能覺得是浪費時間不一定會答應，但請她看在多年婚姻的情分上，兩人確實該為彼此的婚姻再做一番努力。你也要告訴她：這不僅是對我，對妳來說也好，因此在接受婚姻諮詢的過程中，能幫妳對許多事想得更透澈，是不是真的要離婚？才不至於因為現在的一頭熱而後悔。

第十．在還沒盡到100%的努力前，別輕易簽下離婚證書

這還需要我多加說明嗎？

發現妻子或丈夫外遇時，當事者的心情一定倍感煎熬，但對偷吃的伴侶來說，他

其實也面臨龐大的壓力，畢竟祕密被揭穿，情緒震驚、惶恐不說，道德良知受到譴責，自己也必須做出兩難的取捨。事實上，出軌的一方也有可能想要回歸家庭，但考量到回歸後困難重重，包括：修復婚姻上破鏡重圓的艱困、配偶信任感被打碎後再度建立的難處、雙方相處上重新調整的窘境等，都會讓他在心態上搖擺不定。說穿了，若選擇回歸家庭，日子絕對不會好過，首當其衝是面對受傷另一半的負面情緒，如此考量下，似乎和第三者遠走高飛更為輕鬆簡單。

若真想挽回出軌的伴侶或挽救出現第三者的婚姻，給予對方「定心丸」非常重要。誠懇告訴對方雖然前方充斥障礙，但你會張開雙臂迎接他的歸來，只要彼此都有心，兩人願意共同努力，就能克服一切難關。

男人做愛不戴套，算渣嗎？

男人如果做愛不喜歡戴套，要求女生採取別的避孕方式，算「渣」嗎？請問 Shane 你怎麼看？

在男女進入穩定交往，為彼此唯一性對象，沒有多重性伴侶、不會傳染性病的前提下，當男友提出：「做愛是否可以不戴套？」希望女生先別急著罵他渣。身為男人，我必須承認：戴套做愛的感覺確實不怎麼舒服，畢竟是隔著薄薄的乳膠抽插，交往的前女友們，大多也覺得再薄，還是感受得到它的存在，並不完全舒適。

做愛，除了肉體上的親密感，雙方也希望都能「性」福。如果保險套讓某一方覺得卡卡，那就應該提出，共同討論是否能接受別的避孕方法。兩性相處就是有商有量，「男人做愛不想戴套」乍聽之下頗渣，但還是希望女生先傾聽背後的原因，再提出自己的想法。我理解做愛若意外鬧出人命，女生要承擔的責任大過男生，男人不戴保險套，多少被視作「你沒盡到保護女生的責任」或是「你不夠愛護女生」。但我也想提醒各位女性：「自己保護自己、自己愛護自己、自己珍惜自己，其實更為重要」。意思是，若另一半不戴保險套，而妳也不考慮用其他避孕方式，那就應該跟他分手，而不是委屈自己讓他中出，然後意外懷孕，再指責男人沒有愛護妳或保護妳。

性愛是件美好的事，有任何疑慮都該誠懇提出，雙方進行討論，互相尊重，互相理解，才會讓身體、心靈都舒服。

05

關於四十：
姐姐們的人生勵志

成熟女人不該說的三句話

不曉得各位女人們對於「成熟」的定義是什麼？

人們最常見是用歲數來定義，根據台灣資生堂解釋：年齡介於25～35歲的女性族群，為輕熟女。那麼不難推測，年齡35歲以上的女性為熟女，也就是成熟女性。有些人則是用經歷，我的閨密就曾經如此說：「有了第一次性經驗以後，就是成熟女人了。」雖然不免引來其他姐妹抗議：「哪有？那只是從女孩蛻變成女人，距離成熟還差上一大截呢！」不過，這位閨密仍舊堅持，理由是：嘗過禁果的甜美後，女人心態也該成熟了，否則就像誤闖森林的小白兔，想要全身而退或優遊其中，若不擺脫天真氣息，只會讓其他動物占便宜。

另外，也有人是用婚嫁或生育來劃分，認為結束單身或當上媽咪，才是女人成熟的開始。無論定義再怎樣見仁見智，身為女人，擁有成熟的個性以及待人處事的風範，絕對比幼稚或長不大更令人討喜。因為，那多半代表著妳可以獨當一面，充滿智慧，能夠給自己幸福，也具有讓別人幸福的能力。

如果妳同意我所說的，嚮往當個心智成熟的女人（是的沒錯！並非在顏質或體態上，所以不用緊張），或是妳的年歲到了某種程度的熟齡，好比35歲，甚至40歲，那麼有三句話，請妳從現在開始都不應該輕易脫口而出。

一「我不知道自己想要什麼？」

無論是面對感情、人生、夢想，還是抱負，總是用「我不知道自己想要什麼」回應，聽起來不但令人生厭，而且還很不負責任。因為正確來說，很少人會認真不知道自己究竟想要什麼，多半是對於想要的東西感到自卑，覺得是種貪圖奢求，擔心說出來被眾人嘲笑，所以用「不知道想要什麼」草率帶過。或是不願意作取捨，肖想兼得，甚至全拿，卻又害怕選擇後所要承擔的責任，所以用「不知道想要什麼」加以逃避。

其實妳內心比任何人都清楚，只是不敢大聲宣告：「我想要」。一個心態成熟的女人，根本不會說出這樣的話，一個年齡成熟的女人，更不應該隨便將這句話說出口，因為外貌明明看起來不青澀，卻頻頻作出不知所措的模樣，說著不知該如何是好的言辭，不免令人覺得「大姐，妳都幾歲了，裝什麼無助啊？」認為妳太矯揉造作。若妳是真的不知道想要什麼，請立即停下腳步跟自己對話：這其中究竟發生了什麼事？是真的不知道？還是不敢要？

二 「姐老了，所以不可能！」

我發覺很多女生，尤其是亞洲女生，非常喜歡把「老了」掛在嘴上，而且幾乎每個年齡層都會如此抱怨，這實在令人匪夷所思。她們共同的心態是：因為老了，所以很多事情做不到了；因為老了，所以很多東西變得不可能。但它們並非做不到或不可能，而是女人用「年紀」自我設限，然後當成「不去嘗試」的藉口。

我們當然知道，世界上有些事是不太可能的，但若推給老，那也太方便，太輕縱自己了吧！也不是說大家都必須去挑戰不可能的任務，畢竟不是每個人都能成為湯姆克魯斯，但妳一定要知道，一旦腦袋被植入「我老了」的念頭，就算處於花樣年華，也會因為這種心態而凋零殘敗。

自我設限的結果就是固步自封，不去嘗試的下場就是活在遺憾裡，然後逐漸吃碗內，看碗外。妳永遠只能遠望別人的精采，剩下羨慕嫉妒恨伴隨一生。

三 「算了，反正人生就是這樣……」

會說出這種話的人，多半想用力說服自己接受一個「自認」無法改變的局面。自認，就是自以為，其實局面真無法翻轉嗎？我們都不曉得，也許從別人的眼睛來看，是危機就是轉機，但對妳來說，能不能突破重圍，妳恐怕連想都沒想過。

說到底，妳只是想放棄罷了。放棄不可恥，只要背後有一百分血汗的付出，「算了」也無所謂，只要妳認真努力過，放手也無愧於心。不過「人生就是這樣」，說這話我就無法同意了，因為它多少參雜自暴自棄的私人情緒。假使出於無奈，它可能會迫使人接受現狀，但時效性短，隨著時間流逝，妳會忍不住思索若自己再勇敢一點，狀況會不會有所不同？

長遠來說，壓抑並不會令人快樂，就算笑得燦爛，內心也會無比空虛。與其說著「反正人生就是這樣……」倒不如期待：「人生可以不要是這樣，因為我不允許！」

成熟，對多數女人來說是恐慌和踏實參半，因為它代表了某個年齡，也具備了心智上某種程度的睿智。人生當中，這個階段的女人確實得到了一些東西，但又有很多似乎還沒做到，努力實踐夢想的，會懷疑繼續實踐下去是否真到得了終點？夢想擺一邊的，內心惋惜著自己忙於工作，一切就這麼蹉跎過去。

無論妳的處境在哪裡，我想鼓勵大家，It's never too late，想到什麼就趕緊行動，我們都還有大把的光陰值得揮灑，就算是熟女，等在自己眼前，仍舊是個全新的人生。

女人要好命，請做這五件事

很久以前，形容女人歹命就要點播蔡秋鳳的《金包銀》，歌詞是這麼唱的：「別人歁性命，係框金勾包銀，阮歁性命不值錢……」這敘述也像廖輝英老師筆下的《油麻菜籽》，隨風飄散，女人的生命逃不出命運的安排。在過往的農業社會，不難看出，女人想力求改變，卻身不由己，加上大環境因素心有餘而力不足，受壓迫也只能默默承受，照單全收。然而，在二十一世紀的現代、全球化社會，女人有愈來愈多的選擇權，幸福不再遙不可及，想要怎樣的人生，一切掌握在手裡，妳絕對擁有讓自己幸福的能力，想要好命，不妨從下列開始做起。

一 勇敢愛，勇敢痛

愛人本來就需要勇氣，可惜大部分的人因為怕受傷害，所以總是為自己保留一絲餘地，然後當戀情不順的時候，才來自我安慰：「還好我沒全放感情。」只是面對愛情，若沒全心全意投入，得到的就是三心二意，談戀愛半吊子，得到的就是半吊子的愛。

想要百分百的幸福，就先得做到百分百的奮不顧身。勇敢去愛，受傷了，那就他媽的哭完再站起來，別說出「對愛情失去希望」這種話，除非妳認真覺得自己不值得。失戀並不可恥、可憐，可恥的是自暴自棄，可憐的是妳的膽小懦弱。

二 學會華麗的轉身

想要人生好戲不斷，先別歹戲拖棚。當年歲愈長，就愈要有智慧學會華麗的轉身。所謂的「華麗」是在選擇下台、退場時，都保持著最美的姿態及最高的優雅，而且主動在一切仍舊美好的時刻畫下句點：該放手就不要戀棧，該分手就別糾糾纏纏，該離開就不要苟延殘喘，該出走就別回頭顧盼。

無謂的人際關係該斬就斬，不值得留戀的感情該斷就斷。不 let go 還硬堅持到最後只會淪為「盧洨」，別說劇情慘不忍睹，沒底氣的自尊教人唾棄，別人給妳的嘴臉自然也不會好看。

三 做自己最好的靠山

人人都說：靠山山倒，靠人人跑，靠自己最好。問題就在於，很多人連「自己」都沒法依靠，因為沒那種本事。靠自己並非口號，做起來一點都不簡單，不但需要具備謀生技能、自處能力、經濟獨立，還有很多不為人知的眉眉角角。好比性愛，就我所知很多女人沒男人的GG她就真的GG惹，要她靠自己（來）簡直是要命！請培養真正能夠靠自己的實力，做自己最有力的靠山。

四 別一直想著要如何花錢，也別一直想著要怎麼省錢

老想著要如何花錢，荷包要充盈難如登天，如果花的是別人的錢，用起來雖然很爽，但免錢的永遠最貴，無論何時都在處心積慮想著怎麼省錢，也難免養成斤斤計較的小鼻子和哀小眼。如果妳總是秉持貨比三家不吃虧，耗上大半時光，為的就是省小錢，**time is money**，汲汲營營卻全耗費了青春，如此的人生，命會好那才有鬼。與其思考花錢跟省錢，好命的女人，永遠是想方設法去賺錢增加收入。不過少賺辛苦錢，也別一味地存錢，而是懂得投資理財，把手邊的錢變大，用錢幫妳賺錢。眼界寬，格局高，這樣的女人要不好命都難。

五 學會滿足，懂得珍惜

我知道看完以上四點，一定還是會有人說：「萬般皆是命，半點不由人」，甚至哀嘆：「人在江湖，身不由己」。歹命的思考，也許妳自個兒深信不疑，但在我看來

都是不想變好命的藉口跟理由。好吧！倘若情況真是這樣，想在自認水深火熱的處境下仍舊擁有好命，這一點絕對派得上用場。也許妳認為自己無法得到很多，卻已經失去更多，但如果學會滿足，身旁一定還有美好的人事物值得妳珍惜，請為它們的存在感到滿足，並主動擁抱幸福。

想要在複雜的世道中獲得好命，除了上述五點，我最後再加碼六個字送給大家，就是：「歡喜做，甘願受」。我從不鼓勵女人犧牲且委屈自己，但倘若真的需要委屈，**至少要清楚明白是為了什麼而委屈**，顧全的東西必須值得自己吞忍。妳的委屈必須只在此時，只能是暫時的，而非永無止盡、一輩子的隱忍或壓抑。當一切艱辛化成果實，並甘之如飴，命就一定好。要記得，這是妳的人生，妳有權利決定取捨去留，命好需要創造，好命操之在己。

如何好好和摯愛道別？

邁入四十這個年紀，我時常不免停下腳步，檢視自己一路走來所得到的東西，好比：薪資收入是否達到內心期待？胸口的夢想完成了幾分？是否更有智慧去面對身旁的人事物等。然而，就在我細數人生中所追尋、建築的成就，計較靠自身的力量究竟得到了多少時，我才發覺自己正在失去更重要的東西。

我和 Shane 被迫在短短一個月內，分別失去養了十年和十五年的貓小孩，牠們從在美國時就陪伴著我們，那是已經超越人與動物的家人情感，內心的傷痛如同失去自己的孩子一般難受。

有好長一段時間，我幾乎天天以淚洗面，不曉得該如何走出悲痛，雖然也曾和 Shane 抱頭痛哭，但他畢竟有男人的矜持，無法像我一樣說哭就哭。為了不過度影響老公的情緒，我開始趁他外出工作的時候，獨自抱著貓咪的骨灰對空蕩蕩的房子泣訴思念，甚至放聲哭喊牠們的名字，在還沒走出因失去而悲傷的同時，我也開始懼怕身旁還健在的人們和動物，也將會離我而去，好比還在的暹羅貓 Magneto，好比我的父母，他們都年歲已大，我還剩下多少時光與之相處？還遺留多少時間與之陪伴？如果貓咪過世就能讓我痛徹心扉，那麼若是至親離開，我該如何面對呢？

於是我如夢初醒，原來四十這個年紀，自己所該面對的，並非對成就錙銖必較，而是學習和摯愛道別，這道別分兩個部分：一是摯愛真的走了，你和他 say goodbye，二是摯愛還在，但時間正在倒數，你正慢慢地跟對方道別。

對於前者，換句話說就是走出傷痛的過程，很多人在此時都會期盼自己趕緊走出來，因為悲傷無窮止境，撕心裂肺太過折磨。雖然日昇日落，日子照過，但秒落淚仍然常常上演。這個時期，我常抱著 Shane 哭問：「什麼時候我才會復原？」也會擔心：「都過了半年了，怎麼痛還是跟第一天一樣？」妮可基嫚主演的電影《愛，讓悲傷終結》將這種感覺比喻得很好：悲傷就像放在口袋裡的磚頭，久而久之以為它不見了，但在某天某個時刻，你不經意把手伸進去，一摸到，才發現磚頭還在，原來自己並非忘卻悲傷，只是習慣了它的重量。

後來我才明白，面對失去摯愛所產生的悲傷，別期盼要走出來，也不要設定時程，因為這些壓力既無形也不必要。聖嚴法師口中的「面對它，接受它，處理它，放下它」，前三樣完成就好，因為放下，對很多人來說根本不可能，起碼我做不到，倘若真的放下，還會覺得是遺忘了對方而產生罪惡感。

正當我覺得完全走不出來，幾乎要憂鬱上身時，Shane 跟我說：「我們會這麼難過，是因為對貓咪有著滿滿的愛。要不是曾經深深地愛過牠們，我們不會像現在哭得這麼傷心，如果對貓咪們沒有那麼多、那麼深的羈絆，在牠們離開後我們還是可以不痛不癢地繼續生活。所以，現在悲傷的情緒，正是我們想念牠們的寫照，流下的淚水，正是我們深愛牠們的證明。只要這麼想，就覺得這些眼淚都是好眼淚，胸口的悲傷都是好悲傷，了解嗎？」

聽完他的話，我瞬間恍然大悟。也許自己爬滿淚水的臉龐看起來是如此悲傷，但實際上，我的胸口是無比幸福的。愛，確實能使悲傷終結，但所謂的終結，並非內心不再難過，而是要昇華成更正面的力量。

對面即將離開的摯愛，也是如此。就因為相處的時光正默默倒數，所以相聚的時刻更顯得珍貴。過去，我常為了小事跟母親嘔氣，會為了不想面對她而逃避回家，Shane 就會勸我放下成見，因為沒人知道明天會發生什麼事。「如果妳跟媽媽間的最後對話不是說我愛你，而是爭吵或言語傷害，最後一定會後悔莫及。」Shane 會這麼說，是因為他的媽媽意外離世，他之所以能坦然接受，完全出自於他和母親間深厚的情感，而且那份感情總是毫無遺露的表達。害怕父母親離世的我，與其將眼光放在事情發生的那一天，倒不如將視線拉到日常生活的眼前，與其懼怕失去，倒不如擁抱所有，你我能掌握的只有現在，那更應該對在乎的人大聲說愛，大聲表達內心的情感。

如何面對黑粉跟酸民

雖然身為兩性專家，不過很多人都知道欣西亞在性愛方面也有研究和專精，會帶著大家談「性」說愛，我的想法是：SEX雖然常被媒體或鄉民視為一種腥羶色和齷齪下流，不過它其實既自然又健康，也和日常生活息息相關，那麼，我們更應該敞開心胸，用最開放正面的態度加以討論。

於是，從一開始和老公Shane在美國錄製網路廣播podcast，在知名男性雜誌和女性網站開設專欄，上YouTube拍攝一系列回答大家性愛問題的影片，一直到上課程、進修考取性諮詢治療師的證書，老娘都秉持知名藥廠的精神「先求不傷身，再求有療效」，也就是「先求觀眾不排斥性愛，再求觀眾吸收多少性知識」。所以不管議題性感與否，幽默好笑絕對是首要任務，只要觀眾留言說：「欣西亞，妳的文章和影片都讓我看得哈哈大笑，還笑到肚子痛……」我就覺得自己成功了一半，很有成就感。有沒有聽懂沒關係，但至少你們願意收看，看完就會有不同的見解跟啟發。或是性愛在我的詮釋下，變得很有趣、很健康、很正面，那我就覺得自己的付出非常值得。

不過，就算再如何健康正面解說，還是會有很多網路酸民對我留下難聽，甚至羞辱的字眼。人心是肉做的，我也不是鋼鐵人，說心情不會被影響是騙人的，但我後來領悟到 Life is a game，人生是一場遊戲。無論是面對批評、處理兩性關係、經營想要的人生等，若是太過認真看待，就會得失心過重並患得患失。對於各式批評，若採取輕鬆的態度面對，反而會讓很多事情迎刃而解。

在遭受挫折或打擊時，我的處理方式是先來個想像：如果這是一場電影或一部偶像劇，而我是主角，那我會希望這會是一個怎樣激勵人心的故事？接著勾勒出這個主角該有的樣子或應該具備的特質，或者在現實生活中選擇一為名人作為典範，「如果是他，他應該會這麼做吧？」然後積極朝所設定的腳本前進。

為了讓故事更打動人心（說穿了是鼓勵自己），我甚至會自訂主題曲，每當音樂旋律響起，我就會把現實生活模式切換到「演」的戲劇世界裡。這個方式總能幫助我跳脫自身的困境，用更大的格局去看待，心情也會更加放鬆。所以，每當遭受酸言酸語攻擊時，我便想到日本知名牛郎羅蘭，他總能說出一番令人折服的名言金句。羅蘭也是我的偶像，他多次完美示範面對酸民應該有的氣度，都讓我忍不住鼓掌叫好，我很嚮往他擁有的智慧和高EQ，回覆酸民時，也忍不住練習一番。

欣西亞回覆酸民系列

酸民1：妳幫我吸，我保證讓妳窒息

欣西亞：我是怕你老二像牙籤細到不要不要的，真的用嘴吸我還以為在剔牙縫咧！如果是呼吸，尺寸猶如衛生棉條那正好拿來塞鼻孔。

酸民2：吞我的精

欣西亞：老娘不碰衰洨的哦！抱歉。

酸民3：妳長這付德性，我都硬不起來了！

欣西亞：硬不起來就不要在那邊牽拖，天生軟趴趴還在那邊找理由假鬼假怪、丟人現眼，希望你的志氣有超過胯下的三公分。

酸民4：請問老外的鳥有比較好吃嗎？

欣西亞：有沒有比較好吃我不敢說，但每次都吃不完倒是真的。

酸民5：我女朋友每次都吸乾我的精液，她一定是吸液人。

欣西亞：醒醒吧！你根本就沒有女朋友！

酸民6：你老公的陽具有多長？」

欣西亞：你有看過清明上河圖吧？大概是那樣的長度，畫卷完全裝不下還必須接起來到～處～都～是～

酸民7：我要射妳一臉

欣西亞：射程這麼短你是在開我玩笑吧？

酸民8：老了

欣西亞：老了是自然現象算不了什麼，但你一定聽過「殘而不廢」四個字吧！再怎麼殘，也別讓老二放棄治療，加油好嗎？

酸民9：一臉雞掰樣

欣西亞：雞掰人看什麼都是雞掰樣，下一位！

酸民10：當我聽到欣西亞說到含著老二的時候，我下面不由自主的一抖……

欣西亞：請你的老二別那麼活潑，動不動就活蹦亂跳的它可以去拍抖音。

酸民11：妳這長得太噁心啦！女孩子講話要溫柔一點，妳這是比狗叫還難聽。

欣西亞：你覺得女孩子講話要溫柔，我也覺得男人就是該30公分，老二可以拿去放風箏，做愛可以很持久，硬到屌打出完整的土耳其進行曲咧！要洗臉別人先把自己的臉洗乾淨，懶覺練到30公分再來嘴OK？

酸民12：老外用習慣了……那台灣種的怎麼辦？

欣西亞：有句話是：各花如各眼。我說：各屌入各洞。別擔心，你一定可以找到欣賞你老二的人。

當初和大家分享上述「欣西亞回覆酸民系列」，可說大獲好評，大家說看得過癮，也十分療癒，紛紛問我究竟是如何做到的？老話一句：Life is a game。與其認真計較，不如玩心以對，自娛也娛人。

有人的地方就有是非，有是非就會有流言蜚語。如何面對批評，是我們身為人都該學習的功課。只是，無論身處什麼場合，周圍難免環繞著各式各樣的雜音，很少人會因為流浪犬對著自己吠叫，然後就努力懷疑人生，或是在路上被美容直銷小姐莫名搭訕，她一句：「嘩！小姐，妳的皮膚真糟糕！」就毫無疑問被推銷並照單全收。即使我們內心也許覺得被戳了一下，但仍舊有種冒火的衝動向對方咆哮：「干你屁事？」因為你知道那是她的無禮，不是你的問題。

最後，千萬別讓狗來告訴你究竟長什麼模樣，除非你從不認識自己長什麼樣子。

Shane 看四十歲的人生

無論處在什麼歲數，都不要忘記為自己而活

有一天，我和欣西亞一如往常，打開電視收看我們喜愛的真人實境秀MaterChef《廚神當道》，裡頭某位參賽者是位年近五十的爸爸，他接受訪問時說自己的夢想是成為廚師，雖然後來從事的工作和這個一點關係也沒有，但還是會趁著閒暇時間精進廚藝。直到一年前，他決定轉換跑道，辭去多年在科技業的主管職，投身自己熱愛的餐飲，妻子不但全力支持，還鼓勵他參加選秀比賽，希望能夠藉由節目的收視率，一戰成名！

「我覺得他好勇敢，在接近半百的年紀仍舊勇敢追夢，他老婆也好勇敢，願意用行動支持老公的夢想，這實在很不容易。」欣西亞忍不住做出這樣的

評論。「我覺得我們當初也很勇敢啊！妳也是辭去辦公室工作，而我則是放棄公務員的穩定生活，當時我們可是連房子、車子都有了，卻還是為了夢想毅然決然從美國搬回台灣。」我回她，然後兩人一起相視而笑。

停止自我設限

根據我的觀察，很多台灣人常會用年齡自我設限，二十好幾的，會覺得過於年輕而什麼都無法做；三十好幾的，則會覺得自己太老了，要做什麼已經來不及了。對於要邁入四十歲的青壯年來說，由於此時的人生打拚到一個階段，累積了些許的成就，有些人甚至已經成家立業、有妻有兒，外人看，覺得我們混得還不錯，自己看自己，也覺得這就是所謂的幸福；可是啊……到了夜深人靜的時候，內心卻覺得空虛，甚至，拿著菸的手，竟然會抖！因此，問我「如何看四十歲的人生？」我覺得「快樂」和「自我滿足」比什麼都重要，也會想告訴大家：請適時停下腳步，好好傾聽自己的心，問問自己究竟開不開心，正在從事的，是你真正想做的事嗎？四十歲的我們擁有了很多東西，但這些擁有，跟內心真正的快樂，其實是無法劃上等號的。

我常覺得台灣多數步入四十歲的人，擁有的東西看起來很多，卻好像不是很快樂。他們不開心的原因，是因為到了這個年紀，很多責任必須承擔，很多成就不敢拋開，很多資歷不願放下。

所以，即便已經很討厭這份工作，很厭倦這樣的生活，卻還是日復一日咬牙忍耐，因為回家有孩子要養，有家庭要照顧。就算沒有上述責任，礙於年歲已大，為了夢想跳脫舒適圈、轉換跑道、從零開始，根本不是一種選項。於是，雖然錢賺到了，快樂卻沒有了，事業拚出來了，健康卻賠掉了，生活費有著落了，陪家人的時光卻犧牲了。他們成為賺錢的機器，每天黑著一張臉，和配偶相敬如「冰」，對孩子失去耐心，全家從上到下，從大人到小孩，一起開心大笑，已經不曉得是何年何月。

這讓我感觸很深，如果人生意義只剩下當一台優秀的提款機，為了養家活口無視夢想，那終究是為別人而活，不是為自己而活。也許很多人會覺得為自己而活叫作自私，但我深信：只有把自己照顧好，你才有能力照顧所愛的人，只有先讓自己幸福，你才有能力讓別人幸福。

這道理就跟飛機上的安全說明有著異曲同工之妙：當危急事件發生時，請大人先將氧氣面罩戴好，確認自己已經佩戴完全後，再著手幫旁人戴上氧氣面罩。這個概念一再被重申，卻很少人願意理會。賺錢的人永遠把家庭排在最優先，把自身排到最後一位，卻忘記自己才是自己最需要照顧的人。

最後，在節目MasterChef《廚神當道》接受訪問的爸爸，以我們美國人的眼光來看，選擇中年轉業，除了勇敢，還有更多的理所當然。他從一份毫無興趣的工作離開，然後投身於自己熱愛的廚師事業，這個決定很容易獲得理解，伴侶自然也能支持。賺錢雖然重要，但個人的夢想實踐更加要緊，因為人生只有一次。尤其年過四十，多少意味我們沒有多餘的時間可以猶豫和浪費，想做什麼，就趕緊去做，想要完成什麼，就馬上去完成，適時停下腳步傾聽自己的內心，問問自己是否真的快樂。

切記！無論處在什麼歲數，都不要忘記為自己而活，你還是來得及！

我要的歡愉你該懂！

欣西亞兩性大膽說♣
最犀利的關係難題一次解答

作者	欣西亞	Cynthia Rendelman
責任編輯	蔡穎如	Ruru Tsai, Senior Editor
封面設計	走路花工作室	aruku hana workshop
內頁設計	林詩婷	Amanda Lin
封面攝影	黑焦耳攝影工作室	Stay True Image Studio
行銷企劃	辛政遠	Ken Hsin, Marketing Executive
	楊惠潔	Gaga Yang, Marketing Executive
總編輯	姚蜀芸	Amy Yau, Managing Editor
副社長	黃錫鉉	Caesar Huang, Deputy President
總經理	吳濱伶	Stevie Wu, Managing Director
首席執行長	何飛鵬	Fei-Peng Ho, CEO

出版　創意市集
發行　英屬蓋曼群島商家庭傳媒股份有限公司城邦分公司
Distributed by Home Media Group Limited Cite Branch
地址　104 臺北市民生東路二段 141 號 7 樓
7F No. 141 Sec. 2 Minsheng E. Rd. Taipei 104 Taiwan

讀者服務專線　0800-020-299 周一至周五 09:30 ～ 12:00、13:30 ～ 18:00
讀者服務傳真　(02)2517-0999、(02)2517-9666
E-mail　創意市集 ifbook@hmg.com.tw
城邦書店　城邦讀書花園 www.cite.com.tw
地址　104 臺北市民生東路二段 141 號 7 樓
電話　(02) 2500-1919，營業時間：09:00 ～ 18:30

ISBN　978- 986-5534-16-5
版次　2020 年 11 月初版 1 刷／2023 年 4 月初版 2 刷
定價　新台幣 340 元／港幣 113 元

製版印刷　凱林彩印股份有限公司

◎書籍外觀若有破損、缺頁、裝訂錯誤等不完整現象，想要換書、退書或有大量購書需求等，
請洽讀者服務專線。

國家圖書館預行編目 (CIP) 資料

我要的歡愉你該懂！欣西亞兩性大膽說，最犀利的關係難題一次解答 / 欣西亞著 . -- 初版 . -- 臺北市：創意市集出版：家庭傳媒城邦分公司發行， 2020.11
面；　公分

ISBN 978-986-5534-16-5 (平裝)

1. 兩性關係 2. 性知識

544.7　　109014098

香港發行所　城邦（香港）出版集團有限公司
香港灣仔駱克道 193 號東超商業中心 1 樓
電話：(852) 2508-6231
傳真：(852) 2578-9337
信箱：hkcite@biznetvigator.com

馬新發行所　城邦（馬新）出版集團
41, Jalan Radin Anum,Bandar Baru Seri Petaling,
57000 Kuala Lumpur,Malaysia.
電話：(603)9057-8822
傳真：(603) 9057-6622
信箱：cite@cite.com.my